Fables

Première de couverture : © Marc Enguerand.
Deuxième de couverture : [h] © La petite collection/Diane de Selliers, 2007, www.editions-dianedeselliers.com Avec l'aimable autorisation des Éditions Diane de Selliers ; [b] © Collection IM/Kharbine-Tapabor.
Troisième de couverture : *La Fontaine aux fables*, vol. 1, Turf/© Guy Delcourt Productions, 2010.
Page 109 : © Iberfoto/Photoaisa/Roger-Viollet.

Première de couverture : mise en scène de Robert Wilson avec Christian Gonon.

ISBN 978-2-7011-6162-4
ISSN 1958-0541

CLASSICOCOLLÈGE

Fables

JEAN DE LA FONTAINE

Choix des fables et dossier
par Virginie Manouguian
Certifiée de lettres modernes

BELIN ■ GALLIMARD

Sommaire

Arrêt sur l'œuvre

Groupements de textes

Autour de l'œuvre

Fenêtres sur...

Les fables du recueil

Introduction

Si les *Fables* de Jean de La Fontaine ont connu un tel succès à leur parution au XVIIe siècle et si elles continuent aujourd'hui d'enchanter les petits et les grands, cela tient probablement au fait qu'elles constituent, comme le souhaitait La Fontaine, une « ample comédie à cent actes divers » (livre V, fable 1). Mettant en scène une variété de personnages, les fables sont ponctuées par des péripéties, des rebondissements et des situations amusantes.
Largement inspirés par les auteurs antiques Ésope et Phèdre, ces courts récits plaisants n'ont pas pour seul objectif de divertir le lecteur : La Fontaine cherche avant tout à instruire les hommes.
Aussi, à travers les moralités qui accompagnent les aventures de ses personnages, le fabuliste s'efforce de donner à son lecteur des leçons de sagesse. Il dénonce les défauts des hommes et pose un regard critique sur la société du XVIIe siècle.
Entrez dans cette œuvre classique et pourtant toujours profondément actuelle, et découvrez des personnages hauts en couleur mis en scène dans des récits captivants aux morales devenues souvent des proverbes.

La Cigale et la Fourmi

La Cigale, ayant chanté
Tout l'Été,
Se trouva fort dépourvue[1]
Quand la bise[2] fut venue.
5 Pas un seul petit morceau
De mouche ou de vermisseau.
Elle alla crier famine
Chez la Fourmi sa voisine,
La priant de lui prêter
10 Quelque grain pour subsister[3]
Jusqu'à la saison nouvelle.
«Je vous paierai, lui dit-elle,
Avant l'Oût[4], foi d'animal,
Intérêt et principal[5].»
15 La Fourmi n'est pas prêteuse:
C'est là son moindre défaut.
«Que faisiez-vous au temps chaud?
Dit-elle à cette emprunteuse.

---

1. **Dépourvue**: sans ressources.
2. **Bise**: vent froid qui souffle l'hiver.
3. **Subsister**: survivre.
4. **Oût**: mois d'août.
5. **Intérêt et principal**: le montant de la somme prêtée (le «principal») avec les intérêts.

– Nuit et jour à tout venant[1]
20 Je chantais, ne vous déplaise.
– Vous chantiez? j'en suis fort aise[2].
Eh bien! dansez maintenant. »

[Livre I, fable 1]

1. **À tout venant**: à tout le monde.
2. **Aise**: satisfaite, heureuse.

Le Corbeau et le Renard

Maître Corbeau, sur un arbre perché,
Tenait en son bec un fromage.
Maître Renard, par l'odeur alléché,
Lui tint à peu près ce langage:
5 « Et bonjour, Monsieur du Corbeau.
Que vous êtes joli ! que vous me semblez beau !
Sans mentir, si votre ramage
Se rapporte à votre plumage[1],
Vous êtes le Phénix[2] des hôtes[3] de ces bois. »
10 À ces mots, le Corbeau ne se sent pas de joie[4] ;
Et pour montrer sa belle voix,
Il ouvre un large bec, laisse tomber sa proie.
Le Renard s'en saisit, et dit: « Mon bon Monsieur,
Apprenez que tout flatteur
15 Vit aux dépens de[5] celui qui l'écoute.
Cette leçon vaut bien un fromage, sans doute. »
Le Corbeau honteux et confus
Jura, mais un peu tard, qu'on ne l'y prendrait plus.

[Livre I, fable 2]

---

1. Si votre ramage [...] plumage: si votre chant est aussi beau que l'ensemble de vos plumes.
2. Phénix: oiseau fabuleux au plumage éclatant qui a le pouvoir de renaître de ses cendres.
3. Hôtes: habitants.
4. Ne se sent pas de joie: éprouve une très grande joie.
5. Aux dépens de: à la charge de.

La Grenouille qui se veut faire aussi grosse que le Bœuf

Une Grenouille vit un Bœuf
Qui lui sembla de belle taille.
Elle qui n'était pas grosse en tout comme un œuf,
Envieuse[1] s'étend, et s'enfle, et se travaille[2]
5 Pour égaler l'animal en grosseur,
Disant : « Regardez bien, ma sœur ;
Est-ce assez ? dites-moi ; n'y suis-je point encore ?
– Nenni[3]. – M'y voici donc ? – Point du tout. – M'y voilà ?
– Vous n'en approchez point. » La chétive[4] pécore[5]
10 S'enfla si bien qu'elle creva[6].
Le monde est plein de gens qui ne sont pas plus sages :
Tout Bourgeois veut bâtir comme les grands Seigneurs,
Tout petit Prince a des Ambassadeurs,
Tout Marquis veut avoir des Pages[7].

[Livre I, fable 3]

1. **Envieuse** : jalouse.
2. **Se travaille** : fait des efforts.
3. **Nenni** : non.
4. **Chétive** : de petite taille, faible.
5. **Pécore** : animal, bête.
6. **Creva** : éclata.
7. **Pages** : jeunes nobles au service d'un seigneur.

Les Deux Mulets

Deux Mulets cheminaient : l'un d'avoine chargé,
L'autre portant l'argent de la Gabelle[1].
Celui-ci, glorieux[2] d'une charge si belle,
N'eût voulu pour beaucoup en être soulagé.
5 Il marchait d'un pas relevé[3],
Et faisait sonner sa sonnette :
Quand, l'ennemi se présentant,
Comme il en voulait à l'argent,
Sur le Mulet du fisc[4] une troupe se jette,
10 Le saisit au frein[5] et l'arrête.
Le Mulet en se défendant
Se sent percer de coups : il gémit, il soupire.
« Est-ce donc là, dit-il, ce qu'on m'avait promis ?
Ce Mulet qui me suit du danger se retire[6],
15 Et moi j'y tombe, et je péris.
– Ami, lui dit son camarade,
Il n'est pas toujours bon d'avoir un haut Emploi :
Si tu n'avais servi qu'un Meunier, comme moi,
Tu ne serais pas si malade. »

[Livre I, fable 4]

1. **Gabelle** : au XVIIe siècle, impôt prélevé sur le sel.
2. **Glorieux** : fier.
3. **Relevé** : en levant haut les sabots.
4. **Mulet du fisc** : mulet portant l'argent des impôts.
5. **Frein** : bride.
6. **Du danger se retire** : échappe au danger.

Le Loup et le Chien

Un Loup n'avait que les os et la peau;
Tant les Chiens faisaient bonne garde.
Ce Loup rencontre un Dogue[1] aussi puissant que beau,
Gras, poli[2], qui s'était fourvoyé par mégarde[3].
5 L'attaquer, le mettre en quartiers,
Sire Loup l'eût fait volontiers.
Mais il fallait livrer bataille,
Et le Mâtin[4] était de taille
À se défendre hardiment[5].
10 Le Loup donc l'aborde humblement,
Entre en propos, et lui fait compliment
Sur son embonpoint[6], qu'il admire.
« Il ne tiendra qu'à vous, beau Sire,
D'être aussi gras que moi, lui repartit le Chien.
15 Quittez les bois, vous ferez bien:
Vos pareils y sont misérables,
Cancres, haires, et pauvres diables[7],
Dont la condition est de mourir de faim.
Car quoi? Rien d'assuré: point de franche lippée[8]:
20 Tout à la pointe de l'épée[9].

---

1. **Dogue**: gros chien de garde.
2. **Poli**: au poil lisse et brillant.
3. **Qui s'était fourvoyé par mégarde**: qui s'était perdu par inattention.
4. **Mâtin**: gros chien.
5. **Hardiment**: avec audace.
6. **Embonpoint**: bon état du corps, grosseur.
7. **Cancres, haires et pauvres diables**: hommes faibles, misérables et pauvres gens.
8. **Point de franche lippée**: pas de bon repas.
9. **La pointe de l'épée**: en luttant.

Suivez-moi : vous aurez un bien meilleur destin. »
Le Loup reprit : « Que me faudra-t-il faire ?
Presque rien, dit le Chien, donner la chasse aux gens
Portant bâtons, et mendiants ;
25 Flatter ceux du logis, à son Maître complaire ;
Moyennant quoi votre salaire
Sera force reliefs[1] de toutes les façons :
Os de poulets, os de pigeons :
Sans parler de mainte[2] caresse. »
30 Le Loup déjà se forge une félicité[3]
Qui le fait pleurer de tendresse.
Chemin faisant, il vit le col[4] du Chien pelé.
« Qu'est-ce là ? lui dit-il. – Rien. – Quoi ? rien ? – Peu de chose.
– Mais encor ? – Le collier dont je suis attaché
35 De ce que vous voyez est peut-être la cause.
– Attaché ? dit le Loup : vous ne courez donc pas
Où vous voulez ? – Pas toujours, mais qu'importe ?
– Il importe si bien, que de tous vos repas
Je ne veux en aucune sorte,
40 Et ne voudrais pas même à ce prix un trésor. »
Cela dit, maître Loup s'enfuit, et court encor.

[Livre I, fable 5]

---

1. **Force reliefs** : de nombreux restes de nourriture.
2. **Mainte** : nombreuses.
3. **Se forge une félicité** : s'imagine un bonheur parfait.
4. **Col** : cou.

Le Rat de ville et le Rat des champs

Autrefois le Rat de ville
Invita le Rat des champs,
D'une façon fort civile [1],
À des reliefs d'Ortolans[2].

5 Sur un tapis de Turquie
Le couvert se trouva mis:
Je laisse à penser la vie
Que firent[3] ces deux amis.

Le régal fut fort honnête,
10 Rien ne manquait au festin;
Mais quelqu'un troubla la fête
Pendant qu'ils étaient en train[4].

1. **Fort civile**: très polie, raffinée.
2. **Des reliefs d'Ortolans**: des restes d'ortolans, oiseaux à la chair savoureuse.
3. **La vie que firent**: le bon moment que passèrent.
4. **Ils étaient en train**: ils étaient en train de manger.

À la porte de la salle
Ils entendirent du bruit:
15 Le Rat de ville détale;
Son camarade le suit.

Le bruit cesse, on se retire:
Rats en campagne[1] aussitôt;
Et le citadin de dire:
20 «Achevons tout notre rôt[2].

– C'est assez, dit le rustique[3];
Demain vous viendrez chez moi:
Ce n'est pas que je me pique
De[4] tous vos festins de Roi;

25 Mais rien ne vient m'interrompre:
Je mange tout à loisir.
Adieu donc; fi du plaisir[5]
Que la crainte peut corrompre.»

[Livre I, fable 9]

1. **Rats en campagne**: les rats prennent la fuite.
2. **Rôt**: rôti.
3. **Rustique**: de la campagne.
4. **Je me pique de**: je me fâche contre.
5. **Fi du plaisir**: je me moque du plaisir.

Le Loup et l'Agneau

La raison du plus fort est toujours la meilleure :
Nous l'allons montrer tout à l'heure[1].
Un Agneau se désaltérait
Dans le courant d'une onde[2] pure.
5 Un Loup survient à jeun[3] qui cherchait aventure,
Et que la faim en ces lieux attirait.
« Qui te rend si hardi[4] de troubler mon breuvage ?
Dit cet animal plein de rage :
Tu seras châtié[5] de ta témérité.
10 – Sire, répond l'Agneau, que votre Majesté
Ne se mette pas en colère ;
Mais plutôt qu'elle considère
Que je me vas désaltérant[6]
Dans le courant,
15 Plus de vingt pas au-dessous d'Elle,
Et que par conséquent, en aucune façon,
Je ne puis troubler sa boisson.
– Tu la troubles, reprit cette bête cruelle,
Et je sais que de moi tu médis[7] l'an passé.
20 – Comment l'aurais-je fait si[8] je n'étais pas né ?

1. **Nous l'allons montrer tout à l'heure** : nous allons le montrer tout de suite.
2. **Onde** : eau.
3. **À jeun** : sans avoir mangé.
4. **Hardi** : audacieux.
5. **Châtié** : puni.
6. **Je me vas désaltérant** : je suis en train de me désaltérer, de boire.
7. **Médis** : dis du mal.
8. **Si** : puisque.

Reprit l'Agneau, je tette encor ma mère.
– Si ce n'est toi, c'est donc ton frère.
– Je n'en ai point. – C'est donc quelqu'un des tiens :
Car vous ne m'épargnez guère,
25 Vous, vos bergers, et vos chiens.
On me l'a dit : il faut que je me venge. »
Là-dessus, au fond des forêts
Le Loup l'emporte, et puis le mange,
Sans autre forme de procès.

[Livre I, fable 10]

LE LOUP
ET L'AGNEAU

Le Renard et la Cigogne

Compère le Renard se mit un jour en frais[1],
Et retint à dîner commère la Cigogne.
Le régal fut petit, et sans beaucoup d'apprêts[2];
Le galand[3] pour toute besogne
5 Avait un brouet[4] clair (il vivait chichement[5]).
Ce brouet fut par lui servi sur une assiette:
La Cigogne au long bec n'en put attraper miette;
Et le drôle[6] eut lapé le tout en un moment.
Pour se venger de cette tromperie,
10 À quelque temps de là, la Cigogne le prie[7].
« Volontiers, lui dit-il, car avec mes amis
Je ne fais point cérémonie. »
À l'heure dite il courut au logis
De la Cigogne son hôtesse,
15 Loua très fort la politesse,
Trouva le dîner cuit à point.
Bon appétit surtout; Renards n'en manquent point.
Il se réjouissait à l'odeur de la viande
Mise en menus morceaux, et qu'il croyait friande[8].
20 On servit, pour l'embarrasser,
En un vase à long col et d'étroite embouchure.
Le bec de la Cigogne y pouvait bien passer,

1. **Se mit un jour en frais**: fit des dépenses inhabituelles.
2. **Sans beaucoup d'apprêts**: avec peu de préparatifs.
3. **Galand**: personnage adroit, rusé (au XVIIe siècle, on écrivait « galant » ou « galand »).
4. **Brouet**: bouillon.
5. **Chichement**: pauvrement.
6. **Le drôle**: le coquin, le rusé.
7. **Le prie**: l'invite.
8. **Friande**: délicieuse.

Mais le museau du Sire était d'autre mesure[1].
Il lui fallut à jeun[2] retourner au logis,
25 Honteux comme un Renard qu'une Poule aurait pris,
Serrant la queue, et portant bas l'oreille.
Trompeurs, c'est pour vous que j'écris :
Attendez-vous à la pareille.

[Livre I, fable 18]

1. **Était d'autre mesure** : avait une autre taille (ici était trop court).
2. **À jeun** : sans avoir mangé.

Le Chêne et le Roseau

Le Chêne un jour dit au Roseau:
«Vous avez bien sujet[1] d'accuser la Nature;
Un Roitelet[2] pour vous est un pesant fardeau[3].
Le moindre vent qui d'aventure
5 Fait rider la face de l'eau,
Vous oblige à baisser la tête:
Cependant que[4] mon front, au Caucase[5] pareil,
Non content d'arrêter les rayons du Soleil,
Brave[6] l'effort de la tempête.
10 Tout vous est Aquilon[7], tout me semble Zéphyr[8].
Encor si vous naissiez à l'abri du feuillage
Dont je couvre le voisinage,
Vous n'auriez pas tant à souffrir:
Je vous défendrais de l'orage;
15 Mais vous naissez le plus souvent
Sur les humides bords des Royaumes du vent.
La nature envers vous me semble bien injuste.
– Votre compassion[9], lui répondit l'Arbuste,
Part d'un bon naturel; mais quittez ce souci.
20 Les vents me sont moins qu'à vous redoutables.

---

1. **Vous avez bien sujet**: vous avez raison.
2. **Roitelet**: petit oiseau.
3. **Pesant fardeau**: charge lourde à porter.
4. **Cependant que**: alors que, au contraire.
5. **Caucase**: longue chaîne de montagnes qui s'étend entre l'Europe et l'Asie.
6. **Brave**: affronte.
7. **Aquilon**: vent froid et violent.
8. **Zéphyr**: vent doux et agréable.
9. **Compassion**: sympathie pour les maux ou les malheurs dont souffre quelqu'un.

Je plie, et ne romps[1] pas. Vous avez jusqu'ici
Contre leurs coups épouvantables
Résisté sans courber le dos ;
Mais attendons la fin. » Comme il disait ces mots
25 Du bout de l'horizon accourt avec furie
Le plus terrible des enfants
Que le Nord eût porté jusques-là dans ses flancs.
L'Arbre tient bon ; le Roseau plie.
Le vent redouble ses efforts,
30 Et fait si bien qu'il déracine
Celui de qui la tête au Ciel était voisine,
Et dont les pieds touchaient à l'Empire des Morts[2].

[Livre I, fable 22]

1. **Romps** : casse.
2. Les racines de l'arbre s'enfoncent profondément dans la terre, lieu où est situé le royaume des morts dans l'Antiquité.

Arrêt sur lecture 1

Un quiz pour commencer

Cochez les bonnes réponses.

1 ***Dans « La Cigale et la Fourmi », quel est le défaut de la fourmi ?***

- ❒ Elle n'est pas prêteuse.
- ❒ Elle est très curieuse.
- ❒ Elle est gourmande.

2 ***Dans « Le Corbeau et le Renard », comment le renard obtient-il le fromage du corbeau ?***

- ❒ Il attaque le corbeau pour lui dérober son fromage.
- ❒ Il demande au corbeau de chanter.
- ❒ Il supplie le corbeau de lui donner son fromage.

3 ***Dans « Les Deux Mulets », quel personnage est blessé à la fin de la fable ?***

- ❒ Le mulet qui porte l'argent des impôts.
- ❒ Le meunier.
- ❒ Le mulet qui porte l'avoine.

❹ ***Dans « Le Loup et le Chien », pourquoi le loup refuse-t-il de vivre chez les hommes ?***

❒ Il a peur des humains.

❒ Il craint de ne pas être suffisamment bien nourri.

❒ Il refuse d'être tenu en laisse et préfère rester libre.

❺ ***Dans « Le Rat de ville et le Rat des champs », pourquoi le rat des champs préfère-t-il dîner à la campagne plutôt qu'à la ville ?***

❒ Le rôti y est meilleur.

❒ Il n'aime pas être interrompu pendant son dîner.

❒ Il n'apprécie guère les gens de la ville.

❻ ***Dans « Le Loup et l'Agneau », quel est le sens de la morale ?***

❒ Ceux qui sont forts sont toujours raisonnables.

❒ Les forts l'emportent toujours sur les faibles.

❒ Les faibles finissent toujours par l'emporter.

❼ ***Dans « Le Renard et la Cigogne », quels mauvais tours les deux animaux se jouent-ils lorsqu'ils s'invitent à dîner ?***

❒ Ils cuisinent des recettes qui déplaisent à leur invité.

❒ Le dîner est servi dans des plats qui ne sont pas adaptés à leur invité.

❒ Ils épicent tant leurs plats qu'ils sont immangeables.

❽ ***Dans « Le Chêne et le Roseau », quel personnage résiste le mieux aux bourrasques de vent ?***

❒ Le chêne.

❒ Le roseau.

❒ Aucun des deux.

Des questions pour aller plus loin

Découvrir l'univers des *Fables*

Les animaux, héros des fables

❶ Relevez les différents animaux que vous avez rencontrés dans les premières fables du volume (p. 11-27). Classez-les dans un tableau à cinq colonnes : les forts, les faibles, les rusés, les prétentieux, les sages.
❷ Relisez « La Cigale et la Fourmi », « Le Corbeau et le Renard » et « Le Rat de ville et le Rat des champs ». Pourquoi peut-on dire que les animaux se comportent comme des êtres humains ?
❸ **Lecture d'images** Dans les illustrations des pages 10, 17 et 19, quels détails assimilent les animaux à des êtres humains ?

Des histoires vivantes et amusantes

❹ Résumez les fables suivantes : « Le Corbeau et le Renard », « Les Deux Mulets » et « Le Chêne et le Roseau ». En vous appuyant sur les renversements de situation, montrez que ces récits sont particulièrement vivants.
❺ Relisez « La Grenouille qui veut se faire aussi grosse que le Bœuf » et « Le Renard et la Cigogne ». En quoi le caractère et le comportement des personnages sont-ils amusants ?
❻ Dans « Le Loup et le Chien » et « Le Loup et l'Agneau », repérez les dialogues entre les personnages. Occupent-ils une place importante dans ces fables ? Quel est l'effet produit ?
❼ Les vers de la fable « Le Corbeau et le Renard » ont-ils tous la même longueur ? Comptez les syllabes des vers 1 à 6 et donnez le nom de chaque vers (vous pouvez vous aider de l'encadré de la page 32).

La leçon des fables

❽ Relevez les morales des fables suivantes : « La Grenouille qui veut se faire aussi grosse que le Bœuf », « Le Loup et l'Agneau », « Le Renard et la Cigogne ». Quelle est la place de la morale dans ces fables ? Reformulez ces morales avec vos propres mots.
❾ Dans « La Grenouille qui veut se faire aussi grosse que le Bœuf » et « Le Loup et l'Agneau », quel est le temps employé dans la morale ? Pourquoi ?
❿ Parfois La Fontaine choisit de ne pas indiquer la morale de la fable comme dans « Le Chêne et le Roseau ». Formulez-la.
⓫ Parmi les premières fables du volume (p. 11-27), quelle est celle dont vous avez préféré la morale ? Expliquez pourquoi.

« Le Loup et l'Agneau » (p. 21)

⓬ Délimitez les deux parties de la fable en indiquant les vers qui composent le récit et ceux qui composent la morale. Résumez l'histoire racontée dans cette fable en deux ou trois phrases.
⓭ Comparez les pronoms personnels et les groupes nominaux employés par le loup et l'agneau pour s'adresser l'un à l'autre. En quoi indiquent-ils les rapports de force entre les personnages ?
⓮ Dans un tableau à deux colonnes, précisez les reproches du loup et les arguments de défense de l'agneau. À quel reproche l'agneau ne répond-il pas et pourquoi ?
⓯ **Lecture d'image** Sur l'illustration de la page 23, observez les personnages et décrivez-les précisément (position, tenue, expression). Comment la supériorité et la cruauté du loup sont-elles ici soulignées ?

Rappelez-vous !
La Fontaine écrit des fables sous la forme de poèmes dont les vers peuvent être de différentes longueurs (12 syllabes : alexandrin, 10 syllabes : décasyllabe, 8 syllabes : octosyllabe). Elles se composent généralement de deux parties : le récit et la morale. Le récit sert d'exemple à la morale et met en scène des personnages variés, le plus souvent des animaux. À travers ces histoires, le fabuliste met en valeur les défauts ou les qualités des hommes.

De la lecture à l'écriture

Des mots pour mieux écrire

1 *Complétez les phrases suivantes avec les mots qui conviennent et conjuguez-les si nécessaire* : embonpoint, interrompre, subsister, nourrir, prêteuse, campagne, festin.

a. À la fin de l'été, la cigale demande à sa voisine la fourmi de lui prêter quelques grains pour __________. La fourmi, qui n'est pas __________, refuse d'aider la cigale.

b. Le Loup, envieux de l'__________ du chien, souhaite vivre chez les hommes pour être mieux __________, mais lorsqu'il comprend qu'il devra porter un collier, il choisit de rester libre dans la forêt.

c. Le rat des villes invite le rat des champs à un __________ mais un bruit les effraie et __________ leur repas. Le rat des champs invite alors son ami à venir dîner à la __________ où ils ne risquent pas d'être dérangés.

❷ a. ***Cherchez dans le dictionnaire l'origine et le sens du mot*** fable.
b. ***Donnez trois mots de la même famille et inventez pour chacun d'eux une phrase qui en éclairera le sens.***

À vous d'écrire

❶ Imaginez la vengeance du corbeau après que le renard lui a volé son fromage.
Consigne. Votre texte, d'une quinzaine de lignes, mettra en scène les deux animaux. Vous pouvez écrire en vers ou en prose.

❷ Comme l'agneau, vous avez un jour été accusé injustement. Racontez cet épisode.
Consigne. Votre texte, d'une quinzaine de lignes, aura la forme d'un dialogue dans lequel vous présenterez vos arguments de défense et les sentiments que vous avez ressentis.

Du texte à l'image

➡ Mise en scène de Robert Wilson à la Comédie-Française, 2004.
➡ Turf, *Le Corbeau et le Renard* dans *La Fontaine aux fables*, Delcourt, 2010.
(Images reproduites en couverture et au verso de la couverture, en fin d'ouvrage.)

Lire l'image

❶ Quel est l'animal représenté sur la couverture ? Décrivez-le précisément. Comparez son attitude à celle du même animal représenté à la fin de l'ouvrage, au verso de la couverture. Quelles différences et quels points communs notez-vous ?
❷ En vous appuyant sur sa tenue, sa posture et l'expression de son visage, montrez que cet animal se comporte comme un être humain.

Comparer le texte et l'image

❸ À quelle fable ces deux illustrations pourraient-elles correspondre ?
❹ Quel défaut ou quelle qualité est selon vous mis(e) en valeur dans ces deux illustrations ?

À vous de créer

❺ À l'aide d'Internet et des ressources de votre CDI, recherchez d'autres couvertures de recueils des *Fables* de La Fontaine. Choisissez deux images et présentez-les à vos camarades en expliquant votre choix.
❻ Vous êtes l'éditeur des *Fables* de La Fontaine. Imaginez la couverture du volume et réalisez-la. Vous pouvez utiliser différentes techniques : dessin, peinture, montage de photographies.

Conseil tenu par les Rats

Un Chat nommé Rodilardus
Faisait de Rats telle déconfiture[1]
Que l'on n'en voyait presque plus,
Tant il en avait mis dedans la sépulture[2].
5 Le peu qu'il en restait, n'osant quitter son trou,
Ne trouvait à manger que le quart de son sou[3];
Et Rodilard passait, chez la gent misérable[4],
Non pour un Chat, mais pour un Diable.
Or un jour qu'au haut et au loin
10 Le galand[5] alla chercher femme,

---

1. **Déconfiture**: massacre.
2. **Tant il en avait mis dedans la sépulture**: tant il avait tué de rats.
3. **Ne trouvait [...] de son sou**: ne parvenait plus à se nourrir en quantité suffisante.
4. **Gent misérable**: pauvre peuple des rats.
5. **Galand**: personnage adroit, rusé (au XVIIe siècle, on écrivait «galant» ou «galand»).

Pendant tout le sabbat[1] qu'il fit avec sa Dame,
Le demeurant des Rats tint Chapitre[2] en un coin
Sur la nécessité[3] présente.
Dès l'abord leur Doyen[4], personne fort prudente,
15 Opina[5] qu'il fallait, et plus tôt que plus tard,
Attacher un grelot au cou de Rodilard;
Qu'ainsi, quand il irait en guerre,
De sa marche avertis, ils s'enfuiraient sous terre;
Qu'il n'y savait que ce moyen.
20 Chacun fut de l'avis de Monsieur le Doyen,
Chose ne leur parut à tous plus salutaire[6].
La difficulté fut d'attacher le grelot.
L'un dit: «Je n'y vas point, je ne suis pas si sot»;
L'autre: «Je ne saurais.» Si bien que sans rien faire
25 On se quitta. J'ai maints[7] Chapitres vus,
Qui pour néant[8] se sont ainsi tenus:
Chapitres non de Rats, mais Chapitres de Moines,
Voire Chapitres de Chanoines[9].

Ne faut-il que délibérer,
30 La Cour en Conseillers foisonne[10];
Est-il besoin d'exécuter,
L'on ne rencontre plus personne.

[Livre II, fable 2]

---

1. **Sabbat**: grand bruit accompagné de désordre.
2. **Le demeurant des Rats tint Chapitre**: les rats survivants organisèrent une assemblée.
3. **Nécessité**: danger.
4. **Doyen**: le plus âgé.
5. **Opina**: donna son opinion, dit.
6. **Salutaire**: utile, efficace.
7. **Maints**: beaucoup.
8. **Pour néant**: pour rien.
9. **Chanoines**: religieux.
10. **La Cour en Conseillers foisonne**: il y a de très nombreux conseillers à la cour du roi.

La Chauve-Souris et les deux Belettes

Une Chauve-Souris donna tête baissée[1]
Dans un nid de Belette ; et sitôt qu'elle y fut,
L'autre, envers les Souris de longtemps courroucée[2],
Pour la dévorer accourut.
5 « Quoi ! vous osez, dit-elle, à mes yeux vous produire[3],
Après que votre race a tâché de me nuire !
N'êtes-vous pas Souris ? Parlez sans fiction[4].
Oui, vous l'êtes, ou bien je ne suis pas Belette.
– Pardonnez-moi, dit la pauvrette,
10 Ce n'est pas ma profession[5].
Moi, Souris ! Des méchants vous ont dit ces nouvelles.
Grâce à l'Auteur de l'Univers[6],
Je suis Oiseau : voyez mes ailes :
Vive la gent qui fend les airs[7] ! »
15 Sa raison plut, et sembla bonne.
Elle fait si bien qu'on lui donne
Liberté de se retirer.
Deux jours après, notre étourdie
Aveuglément se va fourrer
20 Chez une autre Belette aux Oiseaux ennemie.

---

1. **Donna tête baissée** : plongea.
2. **Courroucée** : en colère.
3. **Produire** : présenter.
4. **Sans fiction** : sans mentir.
5. **Profession** : espèce.
6. **L'Auteur de l'Univers** : Dieu.
7. **Gent qui fend les airs** : peuple des oiseaux.

La voilà derechef[1] en danger de sa vie.
La Dame du logis avec son long museau
S'en allait la croquer en qualité d'Oiseau,
Quand elle protesta qu'on lui faisait outrage[2] :
25 « Moi, pour telle passer ! Vous n'y regardez pas.
Qui fait l'Oiseau ? c'est le plumage.
Je suis Souris : vivent les Rats !
Jupiter[3] confonde[4] les Chats ! »
Par cette adroite repartie
30 Elle sauva deux fois sa vie.

Plusieurs se sont trouvés qui d'écharpe changeants[5]
Aux dangers, ainsi qu'elle, ont souvent fait la figue[6].
Le Sage dit, selon les gens :
« Vive le Roi », « vive la Ligue »[7].

[Livre II, fable 5]

---

1. **Derechef** : de nouveau.
2. **Lui faisait outrage** : l'insultait, l'injuriait.
3. **Jupiter** : dans la mythologie romaine, dieu des dieux.
4. **Confonde** : punisse.
5. **D'écharpe changeants** : changeant d'opinion. À l'époque, les partis politiques se distinguent par la couleur des écharpes que portent leurs partisans ; changer d'écharpe veut donc dire changer de parti, d'opinion.
6. **Fait la figue** : brave les dangers.
7. Les membres de la Ligue, parti d'opposition au roi Louis XIV, portent une écharpe verte, contrairement aux partisans de la royauté qui portent une écharpe blanche.

Le Lion et le Moucheron

« Va-t'en, chétif[1] insecte, excrément de la terre. »
C'est en ces mots que le Lion
Parlait un jour au Moucheron.
L'autre lui déclara la guerre.
« Penses-tu, lui dit-il, que ton titre de Roi
Me fasse peur, ni me soucie ?
Un bœuf est plus puissant que toi,
Je le mène à ma fantaisie. »

1. **Chétif** : petit, faible.

À peine il achevait ces mots
10 Que lui-même il sonna la charge[1],
Fut le Trompette et le Héros.
Dans l'abord il se met au large[2],
Puis prend son temps, fond sur le cou
Du Lion, qu'il rend presque fou.
15 Le quadrupède[3] écume, et son œil étincelle ;
Il rugit, on se cache, on tremble à l'environ ;
Et cette alarme universelle[4]
Est l'ouvrage d'un Moucheron.
Un avorton[5] de Mouche en cent lieux le harcelle,
20 Tantôt pique l'échine[6], et tantôt le museau,
Tantôt entre au fond du naseau.
La rage alors se trouve à son faîte montée[7].
L'invisible ennemi triomphe, et rit de voir
Qu'il n'est griffe ni dent en la bête irritée
25 Qui de la mettre en sang ne fasse son devoir.
Le malheureux Lion se déchire lui-même,
Fait résonner sa queue à l'entour de ses flancs,
Bat l'air, qui n'en peut mais, et sa fureur extrême
Le fatigue, l'abat ; le voilà sur les dents.
30 L'insecte du combat se retire avec gloire :
Comme il sonna la charge, il sonne la victoire,
Va partout l'annoncer, et rencontre en chemin

1. **Sonna la charge** : annonça le début du combat.
2. **Dans l'abord il se met au large** : il se tient d'abord à distance.
3. **Quadrupède** : animal à quatre pattes.
4. Les rugissements du lion sont entendus par tous ses sujets.
5. **Avorton** : être faible (péjoratif).
6. **Échine** : dos.
7. **La rage [...] à son faîte montée** : la rage est alors à son plus haut point.

L'embuscade[1] d'une Araignée :
Il y rencontre aussi sa fin.
35 Quelle chose par là nous peut être enseignée ?
J'en vois deux, dont l'une est qu'entre nos ennemis
Les plus à craindre sont souvent les plus petits ;
L'autre, qu'aux grands périls tel a pu se soustraire,
Qui périt pour la moindre affaire[2].

[Livre II, fable 9]

1. **Embuscade** : piège.
2. **Aux grands périls [...] moindre affaire** : celui qui échappe à de grands dangers peut mourir dans une situation bien moins dangereuse.

Le Lion et le Rat

Il faut, autant qu'on peut, obliger[1] tout le monde :
On a souvent besoin d'un plus petit que soi.
De cette vérité deux Fables feront foi,
Tant la chose en preuves abonde.
5 Entre les pattes d'un Lion
Un Rat sortit de terre assez à l'étourdie.
Le Roi des animaux, en cette occasion,
Montra ce qu'il était, et lui donna la vie[2].
Ce bienfait ne fut pas perdu.
10 Quelqu'un aurait-il jamais cru
Qu'un Lion d'un Rat eût affaire[3] ?
Cependant il advint qu'au sortir des forêts
Ce Lion fut pris dans des rets[4]
Dont ses rugissements ne le purent défaire.
15 Sire Rat accourut, et fit tant par ses dents
Qu'une maille rongée emporta tout l'ouvrage.
Patience et longueur de temps
Font plus que force ni que rage.

[Livre II, fable 11]

1. **Obliger** : rendre service, faire plaisir à quelqu'un.
2. **Lui donna la vie** : lui laissa la vie sauve.
3. **Eût affaire** : eût besoin.
4. **Rets** : mailles d'un filet.

La Colombe et la Fourmi

L'autre exemple est tiré d'animaux plus petits.
Le long d'un clair ruisseau buvait une Colombe,
Quand sur l'eau se penchant une Fourmis[1] y tombe;
Et dans cet Océan l'on eût vu la Fourmis
5 S'efforcer, mais en vain, de regagner la rive.
La Colombe aussitôt usa de charité[2]:
Un brin d'herbe dans l'eau par elle étant jeté,
Ce fut un promontoire[3] où la Fourmis arrive.
    Elle se sauve; et là-dessus
10 Passe un certain Croquant[4] qui marchait les pieds nus.
Ce Croquant par hasard avait une arbalète[5].
    Dès qu'il voit l'Oiseau de Vénus,
Il le croit en son pot[6], et déjà lui fait fête.
Tandis qu'à le tuer mon Villageois s'apprête,
15   La Fourmis le pique au talon.
    Le Vilain[7] retourne la tête.
La Colombe l'entend, part, et tire de long[8].
Le soupé du Croquant avec elle s'envole:
    Point de Pigeon pour une obole[9].

[Livre II, fable 12]

---

1. **Fourmis**: orthographe pour faciliter la liaison avec le mot suivant qui commence par une voyelle.
2. **Usa de charité**: offrit son aide.
3. **Promontoire**: lieu surélevé.
4. **Croquant**: homme misérable.
5. **Arbalète**: arme qui permet de lancer des flèches.
6. **Pot**: marmite.
7. **Vilain**: paysan.
8. **Tire de long**: prend la fuite, se sauve au loin.
9. **Pour une obole**: sans efforts (l'obole est une petite somme d'argent).

Le Coq et le Renard

Sur la branche d'un arbre était en sentinelle
Un vieux Coq adroit et matois[1].
« Frère, dit un Renard, adoucissant sa voix,
Nous ne sommes plus en querelle[2] :
5 Paix générale cette fois.
Je viens te l'annoncer ; descends que je t'embrasse.
Ne me retarde point, de grâce :
Je dois faire aujourd'hui vingt postes[3] sans manquer.
Les tiens et toi pouvez vaquer
10 Sans nulle crainte à vos affaires[4] ;
Nous vous y servirons en frères.
Faites-en les feux[5] dès ce soir.
Et cependant viens recevoir
Le baiser d'amour fraternelle.
15 – Ami, reprit le Coq, je ne pouvais jamais
Apprendre une plus douce et meilleure nouvelle
Que celle
De cette paix ;
Et ce m'est une double joie
20 De la tenir de toi. Je vois deux Lévriers[6],
Qui, je m'assure, sont courriers[7]
Que pour ce sujet on envoie.

---

1. **Matois** : rusé.
2. **Querelle** : conflit.
3. **Postes** : ancienne unité de distance (20 postes = 160 kilomètres environ).
4. **Vaquer sans nulle crainte à vos affaires** : vous occuper de vos affaires sans inquiétude.
5. **Feux** : feux de joie pour fêter la paix.
6. **Lévriers** : chiens utilisés pour la chasse.
7. **Courriers** : messagers.

Ils vont vite, et seront dans un moment à nous.
Je descends ; nous pourrons nous entre-baiser[1] tous.
25 – Adieu, dit le Renard, ma traite[2] est longue à faire :
Nous nous réjouirons du succès de l'affaire
Une autre fois. » Le galand[3] aussitôt
Tire ses grègues[4], gagne au haut[5],
Mal content de son stratagème[6] ;
30 Et notre vieux Coq en soi-même
Se mit à rire de sa peur ;
Car c'est double plaisir de tromper le trompeur.

[Livre II, fable 15]

1. **Entre-baiser** : embrasser.
2. **Traite** : trajet.
3. **Galand** : personnage adroit, rusé (au XVIIe siècle, on écrivait « galant » ou « galand »).
4. **Tire ses grègues** : remonte son pantalon.
5. **Gagne au haut** : s'enfuit loin.
6. **Stratagème** : ruse, piège.

Le Loup devenu Berger

Un Loup qui commençait d'avoir petite part[1]
Aux Brebis de son voisinage,
Crut qu'il fallait s'aider de la peau du Renard[2]
Et faire un nouveau personnage.
5 Il s'habille en Berger, endosse un hoqueton[3],
Fait sa houlette[4] d'un bâton,
Sans oublier la Cornemuse[5].
Pour pousser jusqu'au bout la ruse,
Il aurait volontiers écrit sur son chapeau :
10 « C'est moi qui suis Guillot, berger de ce troupeau. »
Sa personne étant ainsi faite[6]
Et ses pieds de devant posés sur sa houlette,
Guillot le sycophante[7] approche doucement.
Guillot, le vrai Guillot, étendu sur l'herbette,
15 Dormait alors profondément.
Son chien dormait aussi, comme aussi sa musette[8].
La plupart des Brebis dormaient pareillement.
L'hypocrite les laissa faire,
Et pour pouvoir mener vers son fort[9] les Brebis
20 Il voulut ajouter la parole aux habits,

---

1. **D'avoir petite part** : le loup considère qu'il ne peut se nourrir que d'une faible part du troupeau.
2. **S'aider de la peau du Renard** : agir avec la ruse du renard.
3. **Hoqueton** : vêtement porté par les paysans au XVIIe siècle.
4. **Houlette** : bâton du berger.
5. **Cornemuse** : instrument de musique joué par les bergers.
6. **Faite** : déguisée.
7. **Sycophante** : menteur, trompeur.
8. **Musette** : autre nom de la cornemuse.
9. **Fort** : terrier, abri.

Chose qu'il croyait nécessaire.
Mais cela gâta son affaire,
Il ne put du Pasteur contrefaire la voix[1].
Le ton dont il parla fit retentir les bois,
25 Et découvrit tout le mystère.
Chacun se réveille à ce son,
Les Brebis, le Chien, le Garçon.
Le pauvre Loup, dans cet esclandre[2],
Empêché par son hoqueton,
30 Ne put ni fuir ni se défendre.
Toujours par quelque endroit fourbes se laissent prendre.
Quiconque est Loup agisse en Loup:
C'est le plus certain de beaucoup[3].

[Livre III, fable 3]

1. **Du Pasteur contrefaire la voix**: imiter la voix du berger.
2. **Esclandre**: incident, scandale.
3. **Beaucoup**: tout.

Le Renard et le Bouc

Capitaine Renard allait de compagnie
Avec son ami Bouc des plus haut encornés[1].
Celui-ci ne voyait pas plus loin que son nez;
L'autre était passé maître en fait de tromperie.
5 La soif les obligea de descendre en un puits.
Là chacun d'eux se désaltère.
Après qu'abondamment tous deux en eurent pris,
Le Renard dit au Bouc: « Que ferons-nous, compère?
Ce n'est pas tout de boire, il faut sortir d'ici.
10 Lève tes pieds en haut, et tes cornes aussi:
Mets-les contre le mur. Le long de ton échine[2]
Je grimperai premièrement;

1. **Encornés**: ayant de grandes cornes.
2. **Échine**: dos.

Puis sur tes cornes m'élevant,
À l'aide de cette machine[1],
15 De ce lieu-ci je sortirai,
Après quoi je t'en tirerai.
– Par ma barbe, dit l'autre, il est bon ; et je loue[2]
Les gens bien sensés comme toi.
Je n'aurais jamais, quant à moi,
20 Trouvé ce secret, je l'avoue. »
Le Renard sort du puits, laisse son compagnon,
Et vous lui fait un beau sermon
Pour l'exhorter à patience[3].
« Si le ciel t'eût, dit-il, donné par excellence
25 Autant de jugement[4] que de barbe au menton,
Tu n'aurais pas, à la légère,
Descendu dans ce puits. Or, adieu, j'en suis hors[5].
Tâche de t'en tirer, et fais tous tes efforts :
Car pour moi, j'ai certaine affaire
30 Qui ne me permet pas d'arrêter en chemin. »
En toute chose il faut considérer la fin.

[Livre III, fable 5]

1. **Machine** : désigne les cornes du bouc qui aideront le renard à sortir du puits.
2. **Loue** : admire.
3. **Pour l'exhorter à patience** : pour l'encourager à patienter.
4. **Jugement** : intelligence.
5. **J'en suis hors** : je suis sorti du puits.

Le Loup et la Cigogne

Les Loups mangent gloutonnement.
Un Loup donc étant de frairie[1],
Se pressa[2], dit-on, tellement
Qu'il en pensa perdre la vie.
5 Un os lui demeura bien avant au gosier[3].
De bonheur pour ce Loup, qui ne pouvait crier,
Près de là passe une Cigogne.
Il lui fait signe, elle accourt.
Voilà l'Opératrice[4] aussitôt en besogne[5].
10 Elle retira l'os; puis pour un si bon tour[6]
Elle demanda son salaire.
« Votre salaire ? dit le Loup :
Vous riez, ma bonne commère.
Quoi ! ce n'est pas encor beaucoup
15 D'avoir de mon gosier retiré votre cou ?
Allez, vous êtes une ingrate[7];
Ne tombez jamais sous ma patte. »

[Livre III, fable 9]

---

1. **Étant de frairie** : participant à un festin.
2. **Se pressa** : se dépêcha de manger.
3. **Bien avant au gosier** : au fond de la gorge.
4. **Opératrice** : chirurgienne.
5. **En besogne** : au travail.
6. **Pour un si bon tour** : pour une opération aussi bien réussie.
7. **Ingrate** : peu reconnaissante.

Le Renard et les Raisins

Certain Renard Gascon, d'autres disent Normand[1],
Mourant presque de faim, vit au haut d'une treille[2]
Des Raisins mûrs apparemment
Et couverts d'une peau vermeille[3].
5 Le galand[4] en eût fait volontiers un repas ;
Mais comme il n'y pouvait atteindre :
« Ils sont trop verts, dit-il, et bons pour des goujats[5]. »
Fit-il pas mieux que de se plaindre ?

[Livre III, fable 11]

---

1. Le Gascon est réputé pour ne pas supporter d'avoir tort, le Normand pour ne pas savoir adopter une position claire.
2. **Treille** : vigne qui grimpe le long d'un mur.
3. **Vermeille** : rouge.
4. **Galand** : personnage adroit, rusé (au XVIIe siècle, on écrivait « galant » ou « galand »).
5. **Goujats** : hommes grossiers et vulgaires.

Le Lion devenu vieux

Le Lion, terreur des forêts,
Chargé d'ans, et pleurant son antique prouesse[1],
Fut enfin[2] attaqué par ses propres sujets,
Devenus forts par sa faiblesse.
5 Le Cheval s'approchant lui donne un coup de pied,
Le Loup un coup de dent, le Bœuf un coup de corne.
Le malheureux Lion, languissant, triste, et morne,
Peut à peine rugir, par l'âge estropié[3].
Il attend son destin, sans faire aucunes plaintes,
10 Quand voyant l'Âne même à son antre[4] accourir :
« Ah ! c'est trop, lui dit-il : je voulais bien mourir ;
Mais c'est mourir deux fois que souffrir tes atteintes. »

[Livre III, fable 14]

1. **Antique prouesse** : courage passé.
2. **Enfin** : à la fin.
3. **Par l'âge estropié** : très affaibli en raison de son grand âge.
4. **Antre** : caverne.

Arrêt sur lecture 2

Un quiz pour commencer

Cochez les bonnes réponses.

❶ ***Dans « Le Lion et le Moucheron », qui tue le moucheron ?***

- ❒ Un lion.
- ❒ Une araignée.
- ❒ Un berger.

❷ ***Dans « Le Lion et le Rat », que fait le rat pour aider le lion ?***

- ❒ Il part chercher du secours.
- ❒ Il ronge les mailles du filet.
- ❒ Il ne fait rien.

❸ ***Quel est le sens de la morale des fables « Le Lion et le Rat » et « La Colombe et la Fourmi » ?***

- ❒ Les plus forts n'ont besoin de personne.
- ❒ Les plus forts ont toujours besoin de l'aide des plus faibles.
- ❒ Les plus faibles ont toujours besoin de l'aide des plus forts.

❹ ***Dans « Le Coq et le Renard », que fait le coq pour déjouer le piège que lui tend le renard ?***

❒ Il fait semblant de ne pas comprendre les propos du renard.

❒ Il prétend que des lévriers se dirigent vers eux.

❒ Il s'envole pour échapper au renard.

❺ ***Dans « Le Renard et le Bouc », quel personnage est victime d'un piège et qui le lui tend ?***

❒ Le renard est piégé par le bouc.

❒ Le bouc est piégé par le renard.

❒ Le bouc se piège lui-même.

❻ ***Dans « Le Loup et la Cigogne », comment le loup remercie-t-il la cigogne de lui avoir retiré l'os coincé dans sa gorge ?***

❒ Il l'invite à dîner.

❒ Il ne la dévore pas.

❒ Il prend sa défense lorsqu'elle est attaquée par un renard.

❼ ***Dans « Le Renard et les Raisins », pour quelle véritable raison le renard ne mange-t-il pas les raisins ?***

❒ Sa petite taille ne lui permet pas de les atteindre.

❒ Ils ne sont pas mûrs.

❒ Il n'aime pas le raisin.

❽ ***Dans « Le Lion devenu vieux », par quel animal le lion est-il particulièrement humilié ?***

❒ Le loup.

❒ Le cheval.

❒ L'âne.

Des questions pour aller plus loin

☛ Étudier les personnages des *Fables*

Puissants et faibles

❶ Recopiez le tableau suivant et complétez-le. Que remarquez-vous ?

Titre de la fable	Résumé de la fable	Animal puissant	Animal faible
« Le Lion et le Moucheron »			
« Le Lion et le Rat »			
« Le Loup devenu Berger »			
« Le Loup et la Cigogne »			

❷ Relevez les expressions que les personnages puissants emploient pour désigner les personnages faibles dans « Le Lion et le Moucheron » et « Le Loup et la Cigogne ».

❸ **Lecture d'images** Observez les illustrations des pages 39 et 53. En vous appuyant sur la manière dont les animaux sont représentés (attitude, taille), expliquez comment les artistes ont indiqué l'inversion des rapports de force.

❹ Observez les vers 7 et 8 de la fable « Conseil tenu par les Rats » : quels mots riment ensemble ? Quel rapport entre les personnages est ainsi sous-entendu ?

❺ Que cherche à montrer le fabuliste dans « Le Lion et le Rat » et « La Colombe et la Fourmi » ? Appuyez-vous sur la double moralité pour répondre.

Trompeurs et trompés

❻ Dans « La Chauve-Souris et les deux Belettes », comment la chauve-souris échappe-t-elle aux deux belettes ? De quelle qualité fait-elle preuve ?
❼ Dans « Le Loup devenu Berger », qui le loup veut-il tromper ? Comment s'y prend-il (observez les verbes d'action) ?
❽ Dans « Le Renard et le Bouc » et « Le Coq et le Renard », en quoi consistent les différentes ruses du renard et quelles en sont les victimes ? En observant ses interventions et ses actions, montrez comment le Renard met ses plans à exécution et expliquez s'il réussit ou s'il échoue.
❾ Relevez la morale de la fable « Le Coq et le Renard ». Que nous enseigne ici le fabuliste ?

« Conseil tenu par les Rats » (p. 35)

❿ Observez attentivement les vers 1 à 4 : quels sont les mots ou les expressions indiquant le danger que représente le chat pour les rats ?
⓫ Quel stratagème les rats trouvent-ils pour échapper à leur ennemi ? Quelles raisons donnent-ils finalement pour ne pas mettre ce plan à exécution ? Relevez leurs répliques.
⓬ Où est placée la morale ? Quel est le sens de cette morale et qui vise-t-elle d'après vous ?
⓭ **Lecture d'image** Observez l'illustration de la page 35 : quels éléments de la fable y retrouvez-vous ? Quelles sont les différentes activités auxquelles se livrent les rats ?

Rappelez-vous !
Les fables mettent en scène une grande variété de personnages. Certains apparaissent dans plusieurs fables et vivent diverses aventures. Ainsi, d'une fable à l'autre, on observe qu'un même personnage peut se trouver tantôt en position de force, tantôt en position de faiblesse : les rôles s'inversent parfois dans un monde où les trompeurs sont bien souvent trompés.

De la lecture à l'écriture

Des mots pour mieux écrire

❶ *Expliquez le sens figuré des expressions suivantes. Vous pouvez vous aider d'un dictionnaire.*

a. Avoir un œil de lynx.
b. Prendre la mouche.
c. Être une langue de vipère.
d. Parler comme un perroquet.
e. Être un ours mal léché.
f. Être doux comme un agneau.

❷ *Recopiez puis reliez chacune des expressions suivantes à l'animal qu'elle désigne :*

Le plus haut des encornés	•	•	Le renard
Le roi des animaux	•	•	La colombe
Le maître des ruses	•	•	Le bouc
L'oiseau de Vénus	•	•	Le lion

❸ *Parmi les mots suivants, relevez les synonymes de l'adjectif « rusé » :* flatteur, naïf, enjôleur, respectueux, intelligent, idiot, adroit, content, astucieux, habile, misérable, avisé, trompeur.

À vous d'écrire

❶ Imaginez la suite de la fable « Le Renard et le Bouc » : qu'arrive-t-il au bouc une fois le renard parti ? Seul ou aidé d'un autre animal, comment parvient-il à sortir du puits ?

Consigne. Votre texte, d'une quinzaine de lignes, sera rédigé au passé simple et à l'imparfait. Il pourra être écrit en vers ou en prose.

❷ Transposez la fable « Le Loup et la Cigogne » en bande dessinée.

Consigne. Résumez d'abord la fable et délimitez les grandes étapes du récit (schéma narratif). Réalisez une planche de six vignettes. Les passages de narration seront placés en haut des vignettes et vous retranscrirez dans les bulles les paroles des personnages telles qu'elles apparaissent dans la fable.

Le Geai paré des plumes du Paon

Un Paon muait[1] ; un Geai prit son plumage ;
Puis après se l'accommoda[2] ;
Puis parmi d'autres Paons tout fier se panada[3],
Croyant être un beau personnage.
5 Quelqu'un le reconnut : il se vit bafoué,
Berné[4], sifflé, moqué, joué,
Et par Messieurs les Paons plumé d'étrange sorte :
Même vers ses pareils s'étant réfugié,
Il fut par eux mis à la porte.
10 Il est assez de Geais à deux pieds comme lui,
Qui se parent souvent des dépouilles d'autrui,
Et que l'on nomme Plagiaires[5].
Je m'en tais, et ne veux leur causer nul ennui ;
Ce ne sont pas là mes affaires.

[Livre IV, fable 9]

---

1. **Muait** : changeait de plumage entre deux saisons.
2. **Se l'accommoda** : l'arrangea, l'ajusta sur lui.
3. **Se panada** : marcha comme un paon (mot inventé par La Fontaine).
4. **Bafoué, berné** : humilié, moqué.
5. **Plagiaires** : personnes qui copient des œuvres en se les attribuant.

Le Loup, la Chèvre et le Chevreau

La Bique, allant remplir sa traînante mamelle
Et paître l'herbe nouvelle,
Ferma sa porte au loquet,
Non sans dire à son Biquet :
5 « Gardez-vous sur votre vie
D'ouvrir[1] que l'on ne vous die[2],
Pour enseigne et mot du guet[3],
Foin du Loup[4] et de sa race. »
Comme elle disait ces mots,
10 Le Loup de fortune[5] passe.
Il les recueille à propos,
Et les garde en sa mémoire.
La Bique, comme on peut croire,
N'avait pas vu le glouton.
15 Dès qu'il la voit partie, il contrefait[6] son ton,
Et d'une voix papelarde[7]
Il demande qu'on ouvre, en disant « Foin du Loup »,
Et croyant entrer tout d'un coup.
Le Biquet soupçonneux par la fente regarde.
20 « Montrez-moi patte blanche, ou je n'ouvrirai point »
S'écria-t-il d'abord. (Patte blanche est un point
Chez les Loups, comme on sait, rarement en usage.)

---

1. **Gardez-vous [...] d'ouvrir** : n'ouvrez pas la porte.
2. **Que l'on ne vous die** : si l'on ne vous dit pas.
3. **Enseigne et mot du guet** : signe de reconnaissance et mot de passe.
4. **Foin du Loup** : maudit soit le loup.
5. **De fortune** : par hasard.
6. **Contrefait** : imite.
7. **Papelarde** : hypocrite, trompeuse.

Celui-ci, fort surpris d'entendre ce langage,
Comme il était venu s'en retourna chez soi.
25 Où serait le Biquet, s'il eût ajouté foi[1]
Au mot du guet que de fortune
Notre Loup avait entendu?
Deux sûretés[2] valent mieux qu'une,
Et le trop[3] en cela ne fut jamais perdu.

[Livre IV, fable 15]

1. **S'il eût ajouté foi**: s'il avait fait confiance.
2. **Sûretés**: précautions.
3. **Le trop**: trop de précautions.

Le Loup, la Mère et l'Enfant

Ce Loup me remet en mémoire
Un de ses compagnons qui fut encor mieux pris.
Il y périt; voici l'histoire:
Un Villageois avait à l'écart son logis:
5 Messer[1] Loup attendait chape-chute[2] à la porte;
Il avait vu sortir gibier de toute sorte;
Veaux de lait, Agneaux et Brebis,
Régiments de Dindons, enfin bonne provende[3].
Le larron[4] commençait pourtant à s'ennuyer.
10 Il entend un Enfant crier:
La Mère aussitôt le gourmande[5],
Le menace, s'il ne se tait,
De le donner au Loup. L'animal se tient prêt,
Remerciant les dieux d'une telle aventure[6],
15 Quand la Mère, apaisant sa chère géniture[7],
Lui dit: « Ne criez point; s'il vient, nous le tuerons.
– Qu'est ceci? s'écria le mangeur de moutons:
Dire d'un, puis d'un autre[8]. Est-ce ainsi que l'on traite
Les gens faits comme moi? Me prend-on pour un sot?
20 Que quelque jour ce beau marmot
Vienne au bois cueillir la noisette! »
Comme il disait ces mots, on sort de la maison.

1. **Messer**: messire.
2. **Attendait chape-chute**: attendait une occasion favorable.
3. **Provende**: nourriture.
4. **Larron**: voleur, brigand.
5. **Le gourmande**: le gronde.
6. **D'une telle aventure**: d'une coïncidence aussi heureuse.
7. **Géniture**: enfant.
8. **Dire d'un, puis d'un autre**: dire une chose et son contraire.

Un Chien de cour[1] l'arrête ; épieux et fourches-fières[2]
L'ajustent[3] de toutes manières.
25 « Que veniez-vous chercher en ce lieu ? » lui dit-on.
Aussitôt il conta l'affaire.
« Merci de moi[4] ! lui dit la Mère ;
Tu mangeras mon Fils ? L'ai-je fait à dessein
Qu'il assouvisse un jour ta faim[5] ? »
30 On assomma la pauvre bête.
Un Manant[6] lui coupa le pied droit et la tête :
Le Seigneur du village à sa porte les mit,
Et ce dicton picard[7] à l'entour[8] fut écrit :
Biaux chires Leups, n'écoutez mie
35 *Mère tenchent chen fieux qui crie*[9].

[Livre IV, fable 16]

1. **De cour** : de garde.
2. **Épieux et fourches-fières** : bâtons et fourches à longs manches de fer.
3. **L'ajustent** : le battent.
4. **Merci de moi !** : exclamation mêlée de colère et de soulagement, équivalent de « Dieu merci ! ».
5. **L'ai-je fait [...] ta faim ?** : l'ai-je mis au monde dans le but qu'il apaise ta faim ?
6. **Manant** : paysan.
7. **Picard** : originaire de la région de Picardie.
8. **À l'entour** : autour.
9. « Beaux sires loups, n'écoutez pas la Mère grondant son fils qui crie. »

Le Pot de terre et le Pot de fer

Le Pot de fer proposa
Au Pot de terre un voyage.
Celui-ci s'en excusa,
Disant qu'il ferait que sage[1]
5 De garder le coin du feu:
Car il lui fallait si peu,
Si peu, que la moindre chose
De son débris serait cause[2].
Il n'en reviendrait morceau.
10 « Pour vous, dit-il, dont la peau
Est plus dure que la mienne,
Je ne vois rien qui vous tienne[3].

1. **Qu'il ferait que sage**: qu'il serait plus sage pour lui.
2. **De son débris serait cause**: le ferait se briser.
3. **Qui vous tienne**: qui vous retienne.

– Nous vous mettrons à couvert[1],
Repartit le Pot de fer.
15 Si quelque matière dure
Vous menace d'aventure,
Entre deux je passerai,
Et du coup vous sauverai. »
Cette offre le persuade.
20 Pot de fer son camarade
Se met droit à ses côtés.
Mes gens s'en vont à trois pieds,
Clopin-clopant comme ils peuvent,
L'un contre l'autre jetés[2]
25 Au moindre hoquet qu'ils treuvent.
Le Pot de terre en souffre ; il n'eut pas fait cent pas
Que par son compagnon il fut mis en éclats,
Sans qu'il eût lieu de se plaindre.
Ne nous associons qu'avecque nos égaux.
30 Ou bien il nous faudra craindre
Le destin d'un de ces Pots.

[Livre V, fable 2]

---

1. **À couvert** : à l'abri, en sécurité.
2. **L'un contre l'autre jetés** : poussés l'un contre l'autre.

Le Laboureur et ses Enfants

Travaillez, prenez de la peine :
C'est le fonds qui manque le moins[1].
Un riche Laboureur, sentant sa mort prochaine,
Fit venir ses enfants, leur parla sans témoins.
5 « Gardez-vous, leur dit-il, de vendre[2] l'héritage
Que nous ont laissé nos parents.
Un trésor est caché dedans.
Je ne sais pas l'endroit ; mais un peu de courage
Vous le fera trouver, vous en viendrez à bout.
10 Remuez votre champ dès qu'on aura fait l'Oût[3].
Creusez, fouillez, bêchez ; ne laissez nulle place
Où la main ne passe et repasse. »
Le père mort, les fils vous retournent le champ
Deçà, delà, partout ; si bien qu'au bout de l'an
15 Il en rapporta davantage[4].
D'argent, point de caché. Mais le père fut sage
De leur montrer avant sa mort
Que le travail est un trésor.

[Livre V, fable 9]

---

1. **C'est le fonds qui manque le moins** : c'est ce qui est le plus sûr.
2. **Gardez-vous [...] de vendre** : ne vendez surtout pas.
3. **L'Oût** : la moisson faite au mois d'août.
4. **Il en rapporta davantage** : cela rapporta davantage d'argent.

La Montagne qui accouche

Une Montagne en mal d'enfant
Jetait une clameur si haute,
Que chacun au bruit accourant
Crut qu'elle accoucherait, sans faute,
5 D'une Cité plus grosse que Paris :
Elle accoucha d'une Souris.

Quand je songe à cette Fable
Dont le récit est menteur
Et le sens est véritable[1],
10 Je me figure un Auteur
Qui dit : « Je chanterai la guerre
Que firent les Titans[2] au Maître du tonnerre[3]. »
C'est promettre beaucoup ; mais qu'en sort-il souvent ?
Du vent.

[Livre V, fable 10]

1. **Véritable** : vrai, juste.
2. **Titans** : dans la mythologie grecque, géants, fils d'Ouranos et de Gaïa.
3. **Maître du tonnerre** : dans la mythologie grecque, Zeus, le dieu des dieux, qui a combattu et vaincu les Titans.

La Poule aux œufs d'or

L'Avarice[1] perd tout en voulant tout gagner.
Je ne veux, pour le témoigner,
Que celui[2] dont la Poule, à ce que dit la Fable,
Pondait tous les jours un œuf d'or.
5 Il crut que dans son corps elle avait un trésor.
Il la tua, l'ouvrit, et la trouva semblable
À celles dont les œufs ne lui rapportaient rien,
S'étant lui-même ôté le plus beau de son bien.
Belle leçon pour les gens chiches[3]:
10 Pendant ces derniers temps, combien en a-t-on vus
Qui du soir au matin sont pauvres devenus
Pour vouloir trop tôt être riches ?

[Livre V, fable 13]

---

1. **Avarice** : attachement excessif à l'argent.
2. **Je ne veux [...] que celui** : je ne veux prendre pour exemple que cet homme.
3. **Chiches** : avares.

Le Lion s'en allant en guerre

Le Lion dans sa tête avait une entreprise[1].
Il tint conseil de guerre, envoya ses prévôts[2],
Fit avertir les Animaux :
Tous furent du dessein[3], chacun selon sa guise[4].
5 L'Éléphant devait sur son dos
Porter l'attirail nécessaire,
Et combattre à son ordinaire ;
L'Ours, s'apprêter pour les assauts ;

1. **Entreprise** : projet.
2. **Prévôts** : personnes chargées des missions du roi.
3. **Furent du dessein** : participèrent au projet.
4. **Selon sa guise** : à sa manière.

Le Renard, ménager de secrètes pratiques ;
10 Et le Singe amuser l'ennemi par ses tours.
« Renvoyez, dit quelqu'un, les Ânes, qui sont lourds,
Et les Lièvres, sujets à des terreurs paniques.
– Point du tout, dit le roi, je les veux employer.
Notre troupe sans eux ne serait pas complète.
15 L'Âne effraiera les gens, nous servant de trompette ;
Et le Lièvre pourra nous servir de courrier[1]. »
Le Monarque prudent et sage
De ses moindres Sujets[2] sait tirer quelque usage,
Et connaît les divers talents.
20 Il n'est rien d'inutile aux personnes de sens[3].

[Livre V, fable 19]

1. **Courrier** : messager.
2. **Sujets** : personnes qui dépendent du roi et doivent lui obéir.
3. **De sens** : qui ont du bon sens, dont le jugement est bon.

Le Lièvre et la Tortue

Rien ne sert de courir; il faut partir à point[1].
Le Lièvre et la Tortue en sont un témoignage.
« Gageons[2], dit celle-ci, que vous n'atteindrez point
Sitôt que moi[3] ce but. – Sitôt? Êtes-vous sage?
5 Repartit l'animal léger.
Ma commère, il vous faut purger[4]
Avec quatre grains d'ellébore[5].
– Sage ou non, je parie encore. »
Ainsi fut fait: et de tous deux
10 On mit près du but les enjeux:
Savoir quoi, ce n'est pas l'affaire,
Ni de quel juge l'on convint.
Notre Lièvre n'avait que quatre pas à faire;
J'entends de ceux qu'il fait lorsque prêt d'être atteint[6]
15 Il s'éloigne des chiens, les renvoie aux Calendes[7],
Et leur fait arpenter les landes.
Ayant, dis-je, du temps de reste[8] pour brouter,
Pour dormir, et pour écouter
D'où vient le vent, il laisse la Tortue
20 Aller son train de Sénateur[9].

---

1. **À point**: au bon moment.
2. **Gageons**: parions.
3. **Sitôt que moi**: avant moi.
4. **Purger**: soigner.
5. **Ellébore**: plante que l'on croyait autrefois propre à guérir la folie.
6. **J'entends [...] atteint**: je veux dire les pas qu'il fait lorsqu'il est sur le point d'être rattrapé.
7. **Il les renvoie aux Calendes**: il les laisse loin derrière lui, au point de départ (dans l'Antiquité, les calendes étaient le point de départ du calendrier romain).
8. **Du temps de reste**: du temps d'avance.
9. **Son train de Sénateur**: démarche lente et solennelle.

Elle part, elle s'évertue[1];
Elle se hâte avec lenteur.
Lui cependant méprise une telle victoire,
Tient la gageure[2] à peu de gloire,
25 Croit qu'il y va de son honneur
De partir tard. Il broute, il se repose,
Il s'amuse à toute autre chose
Qu'à la gageure. À la fin quand il vit
Que l'autre touchait presque au bout de la carrière,
30 Il partit comme un trait[3]; mais les élans qu'il fit
Furent vains[4]: la Tortue arriva la première.
« Eh bien ! lui cria-t-elle, avais-je pas raison ?
De quoi vous sert votre vitesse ?
Moi, l'emporter ! et que serait-ce
35 Si vous portiez une maison ? »

[Livre VI, fable 10]

---

1. **Elle s'évertue** : elle fait des efforts.
2. **Gageure** : défi.
3. **Comme un trait** : comme une flèche.
4. **Vains** : inutiles.

Le Villageois et le Serpent

Ésope conte qu'un Manant[1],
Charitable autant que peu sage,
Un jour d'hiver se promenant
À l'entour de son héritage[2],
5 Aperçut un Serpent sur la neige étendu,
Transi, gelé, perclus[3], immobile rendu,
N'ayant pas à vivre un quart d'heure.
Le Villageois le prend, l'emporte en sa demeure ;
Et, sans considérer quel sera le loyer[4]
10 D'une action de ce mérite,
Il l'étend le long du foyer[5],
Le réchauffe, le ressuscite.
L'animal engourdi sent à peine le chaud,
Que l'âme lui revient avecque la colère.
15 Il lève un peu la tête, et puis siffle aussitôt,
Puis fait un long repli, puis tâche à faire un saut
Contre son bienfaiteur, son sauveur, et son père.
« Ingrat[6], dit le Manant, voilà donc mon salaire[7] ?
Tu mourras. » À ces mots, plein d'un juste courroux[8],
20 Il vous prend sa cognée[9], il vous tranche la bête,
Il fait trois serpents de deux coups :

---

1. **Manant** : paysan.
2. **Son héritage** : les terres dont il a hérité.
3. **Perclus** : paralysé.
4. **Loyer** : récompense.
5. **Foyer** : endroit où se fait le feu.
6. **Ingrat** : personne qui n'est pas reconnaissante.
7. **Salaire** : récompense.
8. **Plein d'un juste courroux** : en proie à une colère justifiée.
9. **Cognée** : hache.

Un tronçon, la queue, et la tête.
L'insecte[1] sautillant cherche à se réunir,
Mais il ne put y parvenir.
25 Il est bon d'être charitable[2],
Mais envers qui ? c'est là le point.
Quant aux ingrats, il n'en est point
Qui ne meure enfin misérable.

[Livre VI, fable 13]

1. **L'insecte** : au XVIIe siècle, la classification des animaux étant mal connue, le serpent pouvait être considéré comme un insecte.
2. **Charitable** : qui désire le bien d'autrui.

Arrêt sur lecture 3

Un quiz pour commencer

Cochez les bonnes réponses.

❶ *Dans « Le Geai paré des plumes du Paon », par qui le geai est-il rejeté ?*

- ❒ Les geais.
- ❒ Les paons.
- ❒ Les geais et les paons.

❷ *Dans « Le Loup, la Chèvre et le Chevreau », pourquoi le loup ne parvient-il pas à entrer chez la chèvre ?*

- ❒ Il imite mal la voix de la chèvre.
- ❒ Il ne peut pas montrer une patte blanche.
- ❒ Il se trompe de mot de passe.

❸ *Dans « Le Loup, la Mère et l'Enfant », qu'arrive-t-il au loup ?*

- ❒ Il est attaqué par un renard.
- ❒ Il est recueilli par la mère et l'enfant.
- ❒ Il est tué par un paysan.

❹ ***Dans « Le Pot de terre et le Pot de fer », pourquoi le pot de terre craint-il de partir en voyage ?***

❒ Il a peur de se perdre.

❒ Il a peur de se disputer avec le pot de fer.

❒ Il a peur de se briser au cours du voyage.

❺ ***Dans « Le Laboureur et ses Enfants », que fait le laboureur pour inciter ses enfants à travailler la terre ?***

❒ Il leur fait croire qu'un trésor est caché dans le champ.

❒ Il leur donne de l'argent.

❒ Il leur donne du matériel pour bêcher et creuser.

❻ ***Dans « La Poule aux œufs d'or », pourquoi le propriétaire de la poule perd-il sa source de richesse ?***

❒ La poule cesse de pondre des œufs en or.

❒ Il se fait voler la poule.

❒ Il tue la poule pensant que son corps recèle un trésor.

❼ ***Dans « Le Lion s'en allant en guerre », comment le lion prépare-t-il la guerre ?***

❒ Il choisit parmi ses sujets les meilleurs animaux.

❒ Il entraîne ses sujets au combat.

❒ Il met les qualités de chacun de ses sujets au service du combat collectif.

❽ ***Dans « Le Lièvre et la Tortue », pourquoi la tortue remporte-t-elle la course ?***

❒ La tortue court très vite.

❒ Le lièvre se blesse en chemin.

❒ Le lièvre pensant gagner aisément la course fait de nombreux détours.

Des questions pour aller plus loin

☛ Étudier la visée des *Fables*

Peindre les défauts des hommes

❶ Quels sont les personnages humains qui apparaissent dans les fables des pages 61 à 77 ? Précisez leur condition sociale.
❷ Quel défaut humain le geai et le lièvre partagent-ils ? Justifiez votre réponse en vous appuyant sur quelques citations.
❸ Quel objectif commun les enfants du laboureur et le propriétaire de la poule poursuivent-ils ? Obtiennent-ils ce qu'ils recherchent ?
❹ Lisez à voix haute les vers 1 à 4 du « Geai paré des plumes du Paon » ainsi que les vers 4 et 5 de « La Poule aux œufs d'or ». Quels sons se répètent à l'intérieur de ces vers ? Quel est l'effet produit ?
❺ Quel animal se montre particulièrement ingrat à l'égard de son bienfaiteur ? Quel personnage d'une autre fable du volume vous rappelle-t-il ?

Instruire le lecteur

❻ Relisez les morales des fables « Le Loup, la Mère et l'Enfant » et « Le Pot de terre et le Pot de fer ». Relevez les verbes et indiquez leur mode. Qu'exprime le fabuliste à l'aide de ce mode ?
❼ Dans quelles fables le fabuliste intervient-il directement en disant « je » ? Quel est l'effet produit ?
❽ Quelles valeurs le fabuliste met-il en avant dans « Le Laboureur et ses Enfants » et « Le Lion s'en allant en guerre » ? Que pensez-vous de ces valeurs ? Rédigez cinq lignes dans lesquelles vous justifierez votre point de vue.

❾ Observez les morales dans lesquelles le fabuliste emploie des phrases interrogatives et précisez à qui il s'adresse. Quel est selon vous l'effet recherché ?

❿ Quelle est la valeur du présent dans les morales des fables suivantes : « Le Lion s'en allant en guerre », « Le Lièvre et la Tortue », « Le Villageois et le Serpent » ?

⓫ **Lecture d'image** Quelles étapes de la fable « Le Loup, la Chèvre et le Chevreau » reconnaissez-vous dans l'illustration de la page 62 ? Associez chaque élément de l'image aux vers qui lui correspondent.

« La Poule aux œufs d'or » (p. 71)

⓬ Quels sont les vers qui constituent le récit et quels sont ceux qui constituent la morale ? Résumez l'histoire racontée dans cette fable en deux phrases.

⓭ Quelles sont les étapes du schéma narratif dans le récit ? Quelle est la longueur de ces différentes étapes ?

⓮ Dans quels vers le fabuliste intervient-il ? Quel pronom emploie-t-il ?

⓯ Relevez dans les vers 11 et 12 une antithèse (opposition entre deux mots de sens contraire). Que veut montrer le fabuliste ? Reformulez la morale avec vos propres mots.

> ***Rappelez-vous !***
> À travers les animaux et les quelques personnages humains qui figurent dans les fables, La Fontaine peint les défauts de la nature humaine : avarice, orgueil, ingratitude.
> Le fabuliste cherche à transmettre un enseignement au lecteur par le biais de la morale. Cette leçon peut prendre plusieurs formes : un conseil, une interrogation invitant le lecteur à réfléchir sur sa manière d'agir ou un constat pessimiste tiré de l'expérience du fabuliste.

De la lecture à l'écriture

Des mots pour mieux écrire

❶ ***Recopiez cette fable puis complétez-la avec les mots suivants :*** maladie, nature, prévu, aïeux, camarade.

Les Médecins

Le Médecin Tant-pis alla voir un Malade,
Que visitait son Confrère Tant-mieux.
Ce dernier espérait, quoique son __________
Soutint que le gisant irait voir ses __________
Tous deux s'étant trouvés différents pour la cure,
Leur Malade paya leur tribut à __________ ;
Après qu'en ses conseils Tant-pis eut été cru.
Ils triomphaient encore sur cette __________
L'un disait : « Il est mort, je l'avais bien __________
– S'il m'eût cru, disait l'autre, il serait plein de vie ».

La Fontaine, *Fables*, livre V, fable 12.

❷ ***Recopiez et reliez chacune des qualités suivantes à son antonyme.***

Générosité	•	•	Orgueil
Gratitude	•	•	Avarice
Humilité	•	•	Imprudence
Prudence	•	•	Ingratitude
Patience	•	•	Égoïsme
Altruisme	•	•	Impatience

À vous d'écrire

❶ Lisez attentivement cette fable d'Ésope et réécrivez-la en vers.

Les Grenouilles à l'étang desséché

Deux grenouilles habitaient un étang ; mais l'été l'ayant desséché, elles le quittèrent pour en chercher un autre. Elles rencontrèrent alors un puits profond. En le voyant, l'une dit à l'autre : « Amie, descendons ensemble dans ce puits. – Mais, répondit l'autre, si l'eau de ce puits vient à se dessécher aussi, comment remonterons-nous ? »
Cette fable montre qu'il ne faut pas s'engager à la légère dans les affaires.

Ésope, *Fables*, trad. du grec
par E. Chambry, Les Belles Lettres, 1967.

Consigne. Aidez-vous de la structure des phrases pour découper votre texte en vers. Vous pouvez également modifier certains mots et expressions du texte afin d'obtenir des rimes en fin de vers. Ce travail pourra être réalisé par groupes de deux ou trois élèves.

❷ Rédigez pour votre CDI ou le journal de votre collège un article dans lequel vous présenterez la fable du volume que vous avez préférée.
Consigne. Votre texte, d'une quinzaine de lignes, résumera cette fable et présentera trois arguments pour justifier votre choix. Vous saisirez votre texte à l'aide d'un logiciel de traitement de texte et compléterez votre article par une image (aidez-vous des ressources de votre CDI ou d'un moteur de recherche).

Du texte à l'image

➡ Jean-Baptiste Oudry, *Le Lièvre et la Tortue*, gravure colorisée, 1755.
➡ Publicité pour le camembert d'Archigny, 1930.
(Images reproduites en début d'ouvrage, au verso de la couverture.)

Lire l'image

❶ Donnez la nature de chacune de ces illustrations et décrivez-les précisément (composition, attitude des animaux, décor).
❷ Quelle est la récompense réservée au vainqueur de la course dans l'illustration du bas ? Justifiez votre réponse.

Comparer le texte et l'image

❸ Observez la position des personnages dans la première illustration : à quoi voit-on que le lièvre est confiant en ses chances de victoire ?
❹ Observez la posture du lièvre dans la deuxième illustration. En quoi révèle-t-elle la hâte de l'animal ? À quels vers de la fable « Le Lièvre et la Tortue » cette illustration correspond-elle ?

À vous de créer

❺ Imaginez deux bulles traduisant les pensées des animaux de l'illustration de Jean-Baptiste Oudry.
❻ À l'aide d'Internet et de votre CDI, recherchez d'autres illustrations de la fable « Le Lièvre et la Tortue » et sélectionnez-en deux. Présentez-les ensuite à vos camarades et justifiez vos choix.

Arrêt sur l'œuvre

Des questions sur l'ensemble de l'œuvre

Des animaux et des hommes

❶ Dans l'ensemble du recueil, quelles caractéristiques humaines le fabuliste donne-t-il aux animaux ?

❷ Parmi les personnages issus du monde animal, quels sont les trois personnages qui apparaissent le plus souvent dans le recueil ? À travers leurs aventures, quelles qualités et quels défauts humains le fabuliste souligne-t-il ?

❸ Pourquoi La Fontaine met-il en scène des animaux plutôt que des êtres humains ?

Plaire…

❹ Quelle remarque pouvez-vous faire sur la longueur des récits des différentes fables du recueil ? Quel est l'effet produit ?

❺ Donnez un exemple d'une situation particulièrement comique que vous avez rencontrée dans une fable du recueil. Expliquez pourquoi elle vous a fait rire.

❻ Comment le fabuliste rend-il ses récits rythmés et agréables à lire ? Appuyez-vous sur les dialogues, la ponctuation et la longueur des vers des fables suivantes : « Le Loup et l'Agneau », « Le Coq et le Renard » et « Le Lièvre et la Tortue ».
❼ Quelle fable avez-vous préférée ? Expliquez pourquoi.

... et instruire

❽ Quelle relation y a-t-il entre le récit et la morale de chaque fable ? Quelles sont les différentes formes que peut prendre la morale ?
❾ Selon vous, quelles sont les trois morales les plus intéressantes de ce recueil ? Justifiez votre réponse en expliquant les raisons précises de votre choix.

Des mots pour mieux écrire

Lexique des qualités et des défauts

Avarice : attachement excessif à l'argent.
Égoïsme : attitude qui porte un individu à se préoccuper exclusivement de lui-même.
Honnêteté : attitude qui consiste à agir avec sincérité et franchise.
Humilité : attitude qui consiste à avoir conscience de ses faiblesses et qui porte un individu à rabaisser ses propres mérites.
Ingratitude : manque de reconnaissance.
Jalousie : attitude qui consiste à envier fortement les autres ou ce qu'ils possèdent.
Naïveté : attitude de celui qui manifeste naturellement ses idées, ses sentiments. Crédulité excessive.
Orgueil : haute opinion de soi-même, forme de prétention excessive.
Patience : calme avec lequel on attend ce qui tarde à venir.
Prudence : attitude qui consiste à réfléchir aux conséquences d'un acte en vue d'éviter les dangers éventuels.
Sagesse : attitude qui consiste à agir avec prudence, modération, en s'appuyant sur une expérience passée.

Mots cachés

Retrouvez les mots du lexique des qualités et défauts dans la grille ci-dessous. Les mots peuvent être écrits verticalement, horizontalement ou de biais.

P	A	T	I	E	N	C	E	I	R
R	V	S	U	G	R	V	E	N	H
U	A	E	O	O	B	T	S	G	O
D	R	V	H	I	O	L	N	R	N
E	I	U	F	S	C	I	A	A	N
N	C	H	U	M	I	L	I	T	E
C	E	O	B	E	Y	S	V	I	T
E	H	A	R	O	A	M	E	T	E
P	U	E	L	G	R	L	T	U	T
J	T	T	E	S	U	D	E	D	E
A	L	S	G	O	D	E	I	E	L
O	S	N	V	D	T	A	I	D	M
E	V	A	N	L	S	P	O	L	U
J	A	L	O	U	S	I	E	T	L

Lexique de la puissance et de la faiblesse

Autorité: pouvoir de décider et de commander, d'imposer ses volontés à autrui.
Chétif: qui est de faible constitution physique.
Faiblesse: manque de vigueur, de résistance ou d'emprise sur soi-même.
Fluet: qui est mince, allongé et d'une apparence faible.
Fort: qui a de la vigueur, de la force physique.
Fragilité: caractère de ce qui n'est pas résistant et solide (physiquement ou moralement).
Frêle: qui est de nature faible, fragile, délicate.
Imposant: qui impressionne et impose le respect par son caractère ou ses dimensions.
Puissance: force, vigueur, autorité dans un domaine physique ou intellectuel.
Robuste: qui est solidement bâti, physiquement résistant.

a. ***Recopiez le tableau et classez les mots dans la colonne qui convient:*** fragile, fort, frêle, chétif, imposant, important, robuste.

Les mots de la faiblesse	Les mots de la puissance

b. ***Cherchez d'autres mots pour compléter et enrichir le tableau.***

Petit atelier de versification

Lisez attentivement les vers des fables puis répondez aux questions.

Un Loup n'avait que les os et la peau ;
Tant les Chiens faisaient bonne garde.
Ce Loup rencontre un Dogue aussi puissant que beau,
Gras, poli, qui s'était fourvoyé par mégarde.
L'attaquer, le mettre en quartiers,
Sire Loup l'eût fait volontiers.

La Fontaine, « Le Loup et le Chien », livre I, fable 5.

a. Dans cet extrait, comptez le nombre de syllabes par vers et donnez le nom de chacun d'eux.
b. Recopiez ces vers et entourez les e muets.
c. Donnez le schéma des rimes.

Certain Renard Gascon, d'autres disent Normand,
Mourant presque de faim, vit au haut d'une treille
Des Raisins mûrs apparemment
Et couverts d'une peau vermeille.
Le galand en eût fait volontiers un repas ;
Mais comme il n'y pouvait atteindre :
« Ils sont trop verts, dit-il, et bons pour des goujats. »
Fit-il pas mieux que de se plaindre ?

La Fontaine, « Le Renard et les Raisins », livre III, fable 11.

a. Donnez le schéma des rimes.
b. Recopiez ces vers et entourez les syllabes qui riment en fin de vers.

À vous de créer

❶ *Publier un recueil de fables sur un site Internet*

Étape 1. Choix des fables

a. Relisez les fables du volume et choisissez les sept fables qui vous ont le plus plu.
b. Pour chaque fable, notez au brouillon les raisons de votre choix.

Étape 2. Préparation de la publication

a. Rendez-vous sur le site **http://www.jdlf.com**. Cliquez sur l'onglet « Les fables ». Recherchez, au sein de cette bibliothèque virtuelle, les sept fables que vous avez choisies.
b. Sur un logiciel de traitement de texte, créez un nouveau document et enregistrez-le sur le bureau de votre ordinateur en lui donnant un nom facilement identifiable (par exemple, Textes_LaFontaine).
c. Copiez chacune des fables de votre corpus sur le site Internet et collez-la dans votre document de traitement de texte.
d. Soignez la présentation de votre document : numérotez les fables, indiquez leur titre, faites un sommaire. Rédigez un petit texte introductif indiquant les raisons de votre choix.
e. Relisez votre document en étant très attentif à l'orthographe.

Étape 3. Publication de votre recueil de fables

a. Connectez-vous à l'adresse URL indiquée par votre professeur.
b. Entrez votre identifiant et votre mot de passe.
c. Cliquez sur « Nouvel article » pour afficher la page où vous allez insérer votre document.
d. Procédez aux dernières modifications de présentation. Pensez à enregistrer régulièrement votre article pendant que vous travaillez dessus.

❷ *Jouer et mettre en scène une fable*

a. Relisez la fable « Le Loup et l'Agneau » (p. 21).
b. Utilisez un code couleur pour délimiter les paroles du loup, les paroles de l'agneau et ce que dit le narrateur.
c. Par groupes de trois élèves, répartissez-vous les rôles et mettez en scène la fable afin de la jouer devant vos camarades.

Groupements de textes

Fables d'hier et d'aujourd'hui

Ésope, « Le Loup et l'Agneau »

Ésope est un poète grec qui aurait vécu aux VIIe et VIe siècles avant J.-C. Il est l'auteur d'un ensemble de fables en prose dont La Fontaine s'est inspiré (voir p. 21).

Un loup, voyant un agneau qui buvait à une rivière, voulut alléguer[1] un prétexte spécieux[2] pour le dévorer. C'est pourquoi, bien qu'il fût lui-même en amont, il l'accusa de troubler l'eau et de l'empêcher de boire. L'agneau répondit qu'il ne buvait que du bout des lèvres, et que d'ailleurs, étant à l'aval, il ne pouvait troubler l'eau en amont. Le loup, ayant manqué son effet, reprit : « Mais l'an passé tu as insulté mon père. – Je n'étais pas même né à cette époque », répondit l'agneau. Alors le loup reprit : « Quelle que soit ta facilité à te justifier, je ne t'en mangerai pas moins. »

---

1. **Alléguer** : avancer une raison, un argument.
2. **Spécieux** : qui semble vrai mais ne l'est pas.

Cette fable montre qu'auprès de gens décidés à faire le mal la plus juste défense reste sans effet.

Ésope, *Fables* [VIe s. av. J.-C.], trad. du grec par E. Chambry, Les Belles Lettres, 1967.

Phèdre, « Le Renard et les Raisins »

Phèdre (v. 15 av. J.-C.- v. 50 ap. J.-C.) est un fabuliste latin. Ancien esclave affranchi, il a composé cinq livres de fables en vers dont la dimension satirique a déplu aux responsables politiques de son époque. Dans ses fables, Phèdre reprend des thèmes traités par Ésope avant d'inspirer à son tour La Fontaine (voir p. 52).

Poussé par la faim, un renard, dans une vigne dont les guirlandes étaient hautes, cherchait à attraper des raisins : il sautait de toutes ses forces. Ne pouvant les atteindre, il dit en s'éloignant : « Ils ne sont pas encore mûrs ; je ne veux pas les cueillir verts. »

Ceux qui, incapables d'exécuter une entreprise, la déprécient[1] dans leurs discours, devront s'appliquer cet exemple.

Phèdre, *Fables* [Ier s. ap. J.-C.], trad. du latin par A. Brenot, Les Belles Lettres, 1989.

Marie de France, « Le Loup et le Chien »

Marie de France (seconde moitié du XIIe siècle) est une poétesse du Moyen Âge. Elle a écrit de nombreuses fables inspirées par des thèmes chers aux fabulistes de l'Antiquité. Voici sa version de la fable « Le Loup et le Chien » (voir p. 16).

Un Loup et un Chien se croisèrent
Au beau milieu d'une clairière.
Le Loup, examinant le Chien,
Lui dit : « Frère, vous êtes beau !

1. **Déprécient** : dévalorisent.

Et quel luisant a votre peau ! »
Le Chien lui répondit : « C'est vrai.
Je mange très bien, en effet,
Je dors sur un coussin moelleux
Aux pieds de mon maître et, bien mieux,
Tous les jours, je ronge des os,
Ce qui me rend bien gras, bien gros.
Il ne tient qu'à vous de venir
Et si vous savez obéir
Comme je fais, vous mangerez
Autant et plus que vous voudrez. »
« Vrai, j'irai », lui répond le Loup
Et ils s'en vont, cou contre cou.
Avant qu'ils ne fussent rendus,
Le Loup, tout soudain, aperçut
Le collier que le Chien portait
Et vit la chaîne qui traînait…
« Frère, dit-il, qu'est-ce ? Je vois
Sur ton cou un je ne sais quoi… »
Le Chien lui répond : « C'est la chaîne
Par quoi l'on m'attache en semaine
Car, sinon, je mordrais souvent
Et ferais tort à bien des gens
Que mon maître veut protéger…
Et donc il me fait enchaîner.
La nuit, je garde la demeure
Pour en éloigner les voleurs. »
« Quoi ? fait le Loup, tu ne peux donc
Te promener sans permission ?
Rentre chez toi ; moi, je m'en vais :
Nul ne m'enchaînera jamais.
Mieux vaut vivre en Loup sans collier
Que vivre riche et enchaîné.

Puisque j'en ai encor le choix,
Rentre chez toi : je rentre au bois. »
Et par la chaîne fut rompue
La belle alliance ainsi conclue.

Marie de France, « Le Loup et le Chien » dans *Fables* [XIIe siècle], trad. de l'ancien français par F. Morvan, Actes sud, « Babel », 2010.

Jean de La Fontaine, « À Monseigneur le Dauphin »

Cette fable est placée à l'entrée du premier recueil des *Fables* de Jean de La Fontaine (1621-1695), paru en 1668. Elle expose le projet et les sources d'inspiration du fabuliste qui dédicace son œuvre au dauphin Louis de France, fils du roi Louis XIV.

Je chante les Héros dont Ésope est le Père :
Troupe de qui l'Histoire, encor que mensongère,
Contient des vérités qui servent de leçons.
Tout parle en mon Ouvrage, et même les Poissons :
Ce qu'ils disent s'adresse à tous tant que nous sommes.
Je me sers d'Animaux pour instruire les Hommes.
ILLUSTRE REJETON[1] D'UN PRINCE aimé des Cieux,
Sur qui le Monde entier a maintenant les yeux,
Et qui, faisant fléchir les plus superbes Têtes,
Comptera désormais ses jours par ses conquêtes,
Quelque autre te dira d'une plus forte voix
Les faits de tes Aïeux[2] et les vertus des Rois.
Je vais t'entretenir de moindres Aventures,
Te tracer en ces vers de légères peintures.
Et, si de t'agréer[3] je n'emporte le prix,
J'aurai du moins l'honneur de l'avoir entrepris.

Jean de La Fontaine, *Fables* [1668], Belin-Gallimard, « Classico », 2015.

---

1. **Rejeton** : fils.
2. **Aïeux** : ancêtre.
3. **Agréer** : plaire, faire plaisir.

Raymond Queneau, « La Fourmi et la Cigale »

Raymond Queneau (1903-1976) est un romancier, poète et dramaturge français. Il a fondé avec d'autres artistes le groupe littéraire de l'OuLiPo (Ouvroir de Littérature Potentielle) dont les membres composent des textes littéraires à l'aide de contraintes : Georges Perec, par exemple, a écrit le roman *La Disparition* sans employer la voyelle *e*. Dans le texte suivant, Raymond Queneau propose un détournement de la fable « La Cigale et la Fourmi » (voir p. 11).

Une fourmi fait l'ascension[1]
d'une herbe flexible[2]
elle ne se rend pas compte
de la difficulté de son entreprise

elle s'obstine la pauvrette
dans son dessein[3] délirant
pour elle c'est un Everest
pour elle c'est un Mont Blanc

ce qui devait arriver arrive
elle choit patatratement
une cigale la reçoit
dans ses bras bien gentiment

eh dit-elle point n'est la saison
des sports alpinistes
(vous ne vous êtes pas fait mal j'espère ?)
et maintenant dansons dansons
une bourrée[4] ou la matchiche[5]

Raymond Queneau, « La Fourmi et la Cigale »
dans *Battre la campagne* [1968], Gallimard, « Poésie », 1980.

1. **Fait l'ascension** : escalade.
2. **Flexible** : souple.
3. **Dessein** : projet.
4. **Bourrée** : danse populaire et folklorique française.
5. **Matchiche** : danse d'origine brésilienne.

Pierre Perret, « Le Corbeau et le Renard »

Pierre Perret (né en 1934) est un auteur, compositeur et interprète français. Amoureux des mots, il a écrit de nombreux textes dont des adaptations des *Fables* de La Fontaine. Dans la chanson suivante, il propose une parodie en argot du « Corbeau et le Renard » (voir p. 13).

Maître Corbeau sur un chêne mastard[1],
Tenait un fromton dans l'clapoir[2].
Maître Renard reniflait qu'au balcon
Quelque sombre zonard débouchait les flacons.
Il dit : « Salut Corbac, c'est vous que je cherchais
Pour vous dir que sans vous fair mousser le bréchet[3],
À côté du costard que vous portez mon cher,
La robe du soir du Paon est une serpillière.

Refrain
Pauvre Corbeau
Tu t'es bien fait avoir
Mais quelle idée de becqueter sur un chêne
Et vu qu'tu chant's comm' la rein' des passoir's
C'est bien coton d'en vouloir au Renard.

Quand vous chantez il paraîtrait, sans charre[4],
Que les merles en ont des cauch'mars. »
Lors à ces mots plus fier que sa crémièr',
Le Corbeau ouvrit grand son piège à vers de terre ;
Pour montrer qu'il pouvait chanter rigoletto
Cette grain' de patat' lâcha son calendo[5] :
Le Renard l'engloutit en disant c'est navrant
Il est pas fait à cœur je l'préfèr' plus coulant.

---

1. **Mastard** : individu grand et fort (familier).
2. **Clapoir** : bec (familier).
3. **Bréchet** : nom donné à la crête placée sur le sternum des oiseaux.
4. **Charre** : blague.
5. **Calendo** : camembert (familier).

Refrain
Pauvre corbeau tu t'es bien fait avoir
Mais quelle idée de becqueter sur un chêne
Et vu qu'tu chant's comm' la rein' des passoir's
C'est bien coton d'en vouloir au Renard.
On est forcés de r'connaitr' en tout cas
Que cett' histoir' de Monsieur d'la Fontaine
Rendit prudents les chanteurs d'opéra
Et c'est depuis qu'ils chantent la bouch' pleine.

Pierre Perret, « Le Corbeau et le Renard », 1994.

Gérard Bocholier, « Le Loup timide »

Gérard Bocholier, né en 1947, est un poète, ancien professeur de français. Dans le poème suivant, il propose une réécriture parodique de la fable « Le Loup et l'Agneau » (voir p. 21) dans laquelle les rôles s'inversent : loin d'être un animal cruel et sans pitié, le loup est ici un être craintif et… végétarien.

Un agneau se désaltérait
Dans le courant d'une onde pure.
Un loup survint, timide et n'osant l'aventure
Que sa grand-mère lui lisait
Dans un célèbre fablier.
« Sire, lui dit l'agneau, que Votre Majesté
Prenne un peu plus d'audace.
L'honneur de votre race
En dépend, faites vite !
– Je viens boire et croquer seulement ces myrtilles,
Répondit le timide.
– Vous plaisantez ? – Non pas.
Épargne-moi tes moqueries.

Je suis de ces loups blancs qui sont, dans les familles,
Toujours montrés du doigt. »
Dans le fond des forêts il détale
Et l'agneau se noie,

Car il était fort maladroit.

Point de vrai loup, point de morale !

Gérard Bocholier, « Le loup timide » dans Jacques Charpentreau, *Jouer avec les poètes* [1999], LGF, « Le livre de poche jeunesse », 2002.

Histoires d'animaux

Ancien Testament, Genèse

Au début de l'Ancien Testament est relatée la création du monde et des hommes. Après avoir créé l'homme et la femme, Dieu les place dans le jardin d'Éden, lieu où les arbres et les fruits poussent en abondance. Il leur est interdit de goûter à un seul fruit, celui de l'arbre de la connaissance du bien et du mal. Apparaît alors le personnage du serpent, rusé et perfide, qui encourage Ève à croquer le fruit défendu.

Le serpent était le plus rusé de tous les animaux des champs que Yahvé Dieu avait faits. Il dit à la femme : « Alors, Dieu a dit : Vous ne mangerez pas de tous les arbres du jardin ? » La femme répondit au serpent : « Nous pouvons manger du fruit des arbres du jardin. Mais du fruit de l'arbre qui est au milieu du jardin, Dieu a dit : Vous n'en mangerez pas, vous n'y toucherez pas, sous peine de mort. » Le serpent répliqua à la femme : « Pas du tout ! Vous ne mourrez pas ! Mais Dieu sait que, le jour où vous en mangerez, vos yeux s'ouvriront et vous serez comme des dieux, qui connaissent le bien et le mal. » La femme vit que l'arbre était bon à manger et séduisant à voir, et qu'il était, cet arbre, désirable pour acquérir le discernement. Elle prit de son fruit et mangea. Elle en donna aussi à son mari, qui était avec elle, et il mangea. Alors leurs yeux à tous deux s'ouvrirent et ils connurent qu'ils étaient nus ; ils cousirent des feuilles de figuier et se firent des pagnes.

Ils entendirent le pas de Yahvé Dieu qui se promenait dans le jardin à la brise du jour, et l'homme et sa femme se cachèrent devant Yahvé Dieu parmi les arbres du jardin. Yahvé Dieu appela l'homme : « Où es-tu ? » dit-il. « J'ai entendu ton pas dans le jardin, répondit l'homme ; j'ai eu peur parce que je suis nu et je me suis caché. » Il reprit : « Et qui t'a appris que tu étais nu ? Tu as donc mangé de l'arbre dont je t'avais défendu de manger ! » L'homme répondit : « C'est la femme que tu as mise auprès de moi qui m'a donné de l'arbre, et j'ai mangé ! » Yahvé Dieu dit à la femme : « Qu'as-tu fait là ? » Et la femme répondit : « C'est le serpent qui m'a séduite, et j'ai mangé ! »

Alors Yahvé Dieu dit au serpent : « Parce que tu as fait cela, maudit sois-tu entre tous les bestiaux et toutes les bêtes sauvages. Tu marcheras sur ton ventre et tu mangeras de la terre tous les jours de ta vie. »

La Bible de Jérusalem, Genèse, 3 1-14, trad. de l'hébreu par l'École biblique et archéologique française de Jérusalem, Éditions du Cerf, 2008.

Le Roman de Renart

***Le Roman de Renart* est un ensemble de textes médiévaux écrits aux XIIe et XIIIe siècles dans lesquels sont racontés les aventures de Renart le Goupil, animal rusé et malicieux, prêt à tout pour parvenir à ses fins. Comme dans les fables, les animaux ont les caractéristiques d'êtres humains. Dans l'extrait suivant, Renart s'attaque à un élevage de volailles.**

Tout commença le jour où Renart, grand malfaisant et roi des fourbes, s'en alla rôder vers une ferme où il comptait faire un bon coup.

La ferme se trouvait en plein bois. C'était un élevage de volailles. Il y avait là en quantité canes, canards, coqs, poules, jars, oies… Le maître des lieux, Constant des Noues, un vilain extrêmement riche, habitait tout près de ses basses-cours.

Sa maison était opulente. Il avait soin de la tenir remplie de toutes sortes de choses bonnes à manger. Poulettes et coqs gras garnissaient les réserves. Constant avait d'ailleurs de tout à profusion. Il avait du salé, du lard, des jambons… Du blé – du blé à pleins greniers ! Il avait… que n'avait-il encore ! Son domaine s'appelait Abondance. Il était vraiment bien loti, car chez lui tout réussissait. Ses vergers rendaient le maximum et produisaient à profusion bonnes cerises et fruits de toutes espèces… Pommes, poires et coings… prunes et raisins… Renart venait là prendre du bon temps.

Les cours étaient bien clôturées de gros pieux de chêne taillés en pointe, avec, entre les pieux, un bourrage d'aubépine. Maître Constant tenait là ses poules, dans la sûreté d'un vrai fortin[1]. Renart l'a pourtant pris pour cible et pique dessus sans faire de bruit. Furtif et prudent, le cou rentré, la tête basse ; le nez rasant le sol, il allait droit sur la basse-cour.

C'est un goupil[2] entreprenant, mais l'obstacle pour un coup le laisse court. L'impénétrable rempart d'épines arrête si bien son entreprise qu'il ne peut la mener à terme. Pas la moindre trouée dans la haie, et quant à la sauter, pas question ! Faudra-t-il donc renoncer aux poules ?

Accroupi au milieu du chemin, Renart s'agite et se démène, tendant le cou de droite et de gauche. Il se dit que s'il saute la clôture, vu la hauteur de cet obstacle, il ne passera pas inaperçu quand il retombera dans l'enclos… Les poules sont capables de prendre peur et de se fourrer sous les épines. Il pourrait même se faire pincer, avant d'avoir fait bon butin. Quel émoi, grands dieux ! quel émoi ! Renart veut tirer à lui les poules, qu'il voit picorer sous son nez. Il est là, il se lève,

---

1. **Fortin** : petit château fort.
2. **Goupil** : nom utilisé pour désigner un renard avant que *Le Roman de Renart* ne fasse entrer le terme de « renard » dans la langue française.

se rassoit, se relève… Et puis, il repère quelque chose… C'est un poteau cassé, à l'angle de la haie… C'est une brèche ! Un passage ! Il n'y a qu'à se glisser par là…

Le Roman de Renart, trad. de Pierre Mezinski,
Belin-Gallimard, « Classico », 2010.

Charles Perrault, *Le Petit Chaperon rouge*

Charles Perrault (1628-1703) est un homme de lettres français du XVIIe siècle. Contemporain de Jean de La Fontaine, il a composé de nombreux contes dans lesquels les animaux sont parfois au cœur de l'intrigue. Dans *Le Petit Chaperon rouge*, on retrouve le loup cruel et fourbe de certaines fables de La Fontaine. Le Petit Chaperon rouge se rend chez sa grand-mère malade. En chemin, elle rencontre le loup qui, averti de ses projets, parvient avant elle chez la grand-mère.

Le Loup tira la chevillette, et la porte s'ouvrit. Il se jeta sur la bonne femme, et la dévora en moins de rien ; car il y avait plus de trois jours qu'il n'avait mangé.

Ensuite il ferma la porte, et s'alla coucher dans le lit de la Mère-grand, en attendant le petit chaperon rouge, qui quelque temps après vint heurter à la porte. Toc, toc.

« Qui est là ? »

Le petit chaperon rouge, qui entendit la grosse voix du Loup, eut peur d'abord, mais croyant que sa Mère-grand était enrhumée, répondit :

« C'est votre fille, le petit chaperon rouge, qui vous apporte une galette et un petit pot de beurre que ma Mère vous envoie. »

Le Loup lui cria en adoucissant un peu sa voix :

« Tire la chevillette[1], la bobinette[2] cherra[3]. »

---

1. **Chevillette** : clé de bois qui servait aux anciennes fermetures.
2. **Bobinette** : petite pièce de bois mobile qui servait à fermer les portes.
3. **Cherra** : tombera.

Le petit chaperon rouge tira la chevillette, et la porte s'ouvrit.

Le Loup, la voyant entrer, lui dit en se cachant dans le lit, sous la couverture :

« Mets la galette et le petit pot de beurre sur la huche[1], et viens te coucher avec moi. »

Le petit chaperon rouge se déshabille, et va se mettre dans le lit, où elle fut bien étonnée de voir comment sa Mère-grand était faite en son déshabillé[2]. Elle lui dit :

« Ma mère-grand, que vous avez de grands bras !

– C'est pour mieux t'embrasser, ma fille.

– Ma mère-grand, que vous avez de grandes jambes !

– C'est pour mieux courir, mon enfant.

– Ma mère-grand, que vous avez de grandes oreilles !

– C'est pour mieux écouter, mon enfant.

– Ma mère-grand, que vous avez de grands yeux !

– C'est pour mieux voir, mon enfant.

– Ma mère-grand, que vous avez de grandes dents !

– C'est pour te manger.

Et, en disant ces mots, ce méchant Loup se jeta sur le petit chaperon rouge, et la mangea.

Moralité

On voit ici que de jeunes enfants,
Surtout de jeunes filles
Belles, bien faites, et gentilles,
Font très mal d'écouter toute sorte de gens,
Et que ce n'est pas chose étrange,
S'il en est tant que le loup mange.
Je dis le loup, car tous les loups
Ne sont pas de la même sorte ;
Il en est d'une humeur accorte,

---

1. **Huche** : coffre haut et étroit dans lequel on conserve le pain.
2. **Déshabillé** : chemise de nuit.

Sans bruit, sans fiel et sans courroux,
Qui privés, complaisants et doux,
Suivent les jeunes Demoiselles
Jusque dans les maisons, jusque dans les ruelles;
Mais hélas! qui ne sait que ces Loups doucereux,
De tous les Loups sont les plus dangereux.

Charles Perrault, *Contes*, Belin-Gallimard, «Classico», 2014.

Colette, «Le Chat et le Chien»

Colette (1873-1954) est une romancière française du XXe siècle. Elle publie en 1904 *Dialogues de bêtes*, une œuvre aux allures de pièce de théâtre dans laquelle elle met en scène deux animaux du bestiaire qu'elle affectionne particulièrement: un chat et un chien, Kiki-la-Doucette et Toby-Chien. Dans l'extrait suivant, Toby-Chien, qui ne parvient pas à dormir, interrompt la sieste de Kiki-la-Doucette.

Le perron au soleil. La sieste après déjeuner. Toby-Chien et Kiki-la-Doucette gisent sur la pierre brûlante. Un silence de Dimanche. Pourtant, Toby-Chien ne dort pas, tourmenté par les mouches et par un déjeuner pesant. Il rampe sur le ventre, le train de derrière aplati en grenouille, jusqu'à Kiki-la-Doucette, fourrure tigrée, immobile.

TOBY-CHIEN. – Tu dors?

KIKI-LA-DOUCETTE, *ronron faible.* – …

TOBY-CHIEN. – Vis-tu seulement? Tu es si plat! Tu as l'air d'une peau de chat vide.

KIKI-LA-DOUCETTE, *voix mourante.* – Laisse…

TOBY-CHIEN. – Tu n'es pas malade?

KIKI-LA-DOUCETTE. – Non… laisse-moi. Je dors. Je ne sais plus si j'ai un corps. Quel tourment de vivre près de toi! J'ai mangé, il est deux heures… dormons.

TOBY-CHIEN. – Je ne peux pas. Quelque chose fait boule dans mon estomac. Cela va descendre, mais lentement. Et puis ces mouches !... La vue d'une seule tire mes yeux hors de ma tête. Comment font-elles ? Je ne suis que mâchoires hérissées de dents terribles (entends-les claquer) et ces bêtes damnés m'échappent. Hélas ! mes oreilles ! Hélas ! mon tendre ventre bistré ! ma truffe enfiévrée !... Là ! juste sur mon nez, tu vois ? Comment faire ? Je louche tant que je peux... Il y a deux mouches maintenant ? Non, une seule... Non, deux... Je les jette en l'air comme un morceau de sucre. C'est le vide que je happe... Je n'en puis plus. Je déteste le soleil, et les mouches, et tout !...

Il gémit.

Kiki-la-Doucette, *assis, les yeux pâles de sommeil et de lumière.* – Tu as réussi à m'éveiller. C'est tout ce que tu voulais n'est-ce pas ? Mes rêves sont partis. À peine sentais-je, à la surface de ma fourrure profonde, les petits pieds agaçants de ces mouches que tu poursuis. Un effleurement, une caresse parfois ridait d'un frisson l'herbe inclinée et soyeuse qui me revêt... Mais tu ne sais rien faire discrètement ; ta joie populacière encombre, ta douleur cabotine[1] gémit. Méridional va !

Toby-Chien, *amer.* – Si c'est pour me dire ça que tu t'es réveillé !...

Kiki-la-Doucette, *rectifiant.* – Que tu m'as réveillé.

Toby-Chien. – J'étais mal à l'aise, je quêtais une aide, une parole encourageante...

Kiki-la-Doucette. – Je ne connais point de verbes digestifs. Quand je pense que de nous deux, c'est moi qui passe pour un sale caractère ! Mais rentre un peu en toi-même, compare ! La chaleur t'excède, la faim t'affole, le froid te fige...

Toby-Chien, *vexé.* – Je suis un sensitif.

Kiki-la-Doucette. – Dis : un énergumène.

---

1. **Cabotine** : personne qui se fait remarquer par son comportement théâtral, excessif. Il y a ici un jeu de mot avec le terme « cabot » qui désigne un chien en langage familier.

Toby-Chien. – Non, je ne le dirai pas. toi, tu es un monstrueux égoïste.

Kiki-la-Doucette. – Peut-être. Les Deux-Pattes – ni toi – n'entendent rien à l'égoïsme, à celui des Chats... Ils baptisent ainsi, pêle-mêle, l'instinct de préservation, la pudique réserve, la dignité, le renoncement fatigué qui nous vient de l'impossibilité d'être compris par eux. Chien peu distingué, mais dénué de parti pris, me comprendras-tu mieux ? Le chat est un hôte et non un jouet. En vérité, je ne sais en quel temps nous vivons ! Les Deux-Pattes, Lui et Elle, ont-ils seuls le droit de s'attrister, de se réjouir, de laper les assiettes, de gronder, de promener par la maison une humeur capricieuse ? J'ai, moi aussi, MES caprices, MA tristesse, mon appétit inégal, mes heures de retraite rêveuse où je me sépare du monde...

Colette, « Le Chat et le Chien » dans *Dialogues de bêtes* [1904],
Gallimard, « Folioplus classiques », 2005.

Robert Desnos, « Le Pélican »

Robert Desnos (1900-1945) est un poète surréaliste. Il a écrit de nombreux poèmes qui ressemblent à des chansons et dans lesquels il met en scène des animaux originaux et drôles. Ses *Chantefables*, publiées à titre posthume, rassemblent des textes dans lesquels les animaux sont à l'honneur, comme ici le Pélican.

Le Capitaine Jonathan,
Étant âgé de dix-huit ans
Capture un jour un pélican
Dans une île d'Extrême-Orient,

Le pélican de Jonathan
Au matin, pond un œuf tout blanc
Et il en sort un pélican
Lui ressemblant étonnamment.

Et ce deuxième pélican
Pond, à son tour, un œuf tout blanc
D'où sort, inévitablement
Un autre, qui en fait autant.

Cela peut durer pendant très longtemps
Si l'on ne fait pas d'omelette avant.

Robert Desnos, *Chantefables et Chantefleurs à chanter sur n'importe quel air* [1952], Gründ, 2010.

Jacques Prévert, « Le Chat et l'Oiseau »

Jacques Prévert est un poète français du XXe siècle (1900-1977). Après le succès de son premier recueil de poèmes intitulé *Paroles*, il publie ses *Histoires*, courts textes écrits en vers ou en prose souvent proches du genre de la fable et qui abordent des thématiques variées. Dans le poème suivant, le thème de la mort est abordé : un chat assiste à l'enterrement d'un oiseau.

Un village écoute désolé
Le chant d'un oiseau blessé
C'est le seul oiseau du village
Et c'est le seul chat du village
Qui l'a à moitié dévoré
Et l'oiseau cesse de chanter
Le chat cesse de ronronner
Et de se lécher le museau
Et le village fait à l'oiseau
De merveilleuses funérailles
Et le chat qui est invité
Marche derrière le petit cercueil de paille
Où l'oiseau mort est allongé
Porté par une petite fille
Qui n'arrête pas de pleurer
Si j'avais su que cela te fasse tant de peine

Lui dit le chat
Je l'aurais mangé tout entier
Et puis je t'aurais raconté
Que je l'avais vu s'envoler
S'envoler jusqu'au bout du monde
Là-bas où c'est tellement loin
Que jamais on n'en revient
Tu aurais eu moins de chagrin
Simplement de la tristesse et des regrets

Il ne faut jamais faire les choses à moitié.

Jacques Prévert, « Le Chat et l'Oiseau »
dans *Histoires* [1946], Gallimard, « Folio », 1972.

Autour de l'œuvre

Interview imaginaire de Jean de La Fontaine

Jean de La Fontaine (1621-1695)

▸▸ ***Pourriez-vous nous raconter votre jeunesse ?***

Je suis né le 8 juillet 1621 à Château-Thierry, en Champagne, où mon père était maître des Eaux et Forêts. J'ai fait ma scolarité au collège de Château-Thierry où j'ai étudié le latin, ce qui m'a permis, plus tard, de comprendre et de m'approprier les textes des fabulistes de l'Antiquité. En 1649, j'ai obtenu mon diplôme d'avocat. J'ai finalement pris la suite de mon père en devenant à mon tour maître des Eaux et Forêts. Cette charge difficile, qui consiste à faire respecter les règlements relatifs à la chasse et à la pêche, m'a permis de connaître la nature champenoise à laquelle je fais parfois allusion dans mes *Fables*.

⏭ *Quand avez-vous commencé à écrire ?*

Jusqu'en 1654, je me suis efforcé d'exercer au mieux ma fonction mais ce qui me plaisait surtout, dès que j'en avais le temps, c'était de me rendre à Paris pour retrouver mes amis et fréquenter les salons littéraires. J'ai alors publié *L'Eunuque*, traduction d'une comédie en vers de l'auteur latin Térence, ainsi que des poèmes.

Puis, je suis entré au service du ministre des Finances, Nicolas Fouquet, qui est devenu mon protecteur. Je lui ai dédié *Le Songe de Vaux* pour le remercier de m'accueillir dans son château de Vaux-le-Vicomte. Malheureusement, Fouquet a été arrêté en 1661 sur ordre de Louis XIV et j'ai été contraint de m'éloigner de la cour pendant quelques temps. De retour à Paris, j'ai fait la connaissance de grands écrivains comme François de La Rochefoucauld, Molière, Racine, Nicolas Boileau ou encore Charles Perrault et j'ai rencontré deux nouvelles protectrices : la duchesse d'Orléans et Mme de La Sablière.

⏭ *Quels types d'œuvres avez-vous écrits ?*

J'ai écrit plusieurs recueils de fables inspirées des fabulistes antiques Ésope et Phèdre (1668, 1678-1679 et 1694), des contes et des nouvelles en vers (1665-1666 et 1674), un roman mythologique (*Les Amours de Psyché et de Cupidon*, 1669) ainsi que des poèmes et des épîtres (*Discours à Madame de La Sablière*, 1684, *Épître à Huet*, 1687).

⏭ *Quand avez-vous rencontré le succès ?*

À la parution des *Fables* en 1668, j'ai connu un succès retentissant, mais c'est en 1684 que j'ai reçu la reconnaissance suprême : j'ai été élu à l'Académie française.

⏭ *Comment avez-vous terminé votre vie ?*

En 1692, je suis tombé gravement malade et je me suis profondément remis en question : ma vie libre et dissolue ne me mènerait-elle pas en enfer ? J'ai renié mes *Contes* et je me suis consacré à la religion jusqu'à ma mort en 1695.

▸▸| *Que pensez-vous de la réception de votre œuvre aujourd'hui ?*

Mes fables restent incontestablement mon chef-d'œuvre. Je regrette que l'on me considère parfois comme un plagiaire d'Ésope et de Phèdre car, si ces auteurs m'ont très largement inspiré, je me suis approprié leurs fables que j'ai su réécrire dans une langue riche et travaillée. Je suis cependant très heureux que mes fables aient traversé les siècles et qu'elles continuent d'instruire les petits et les grands.

Contexte historique et culturel

Le règne du Roi-Soleil

Louis XIV est âgé de cinq ans à la mort de son père. C'est sa mère Anne d'Autriche qui assure la régence du royaume jusqu'en 1661, aidée du ministre Mazarin. Lorsqu'il accède au pouvoir, Louis XIV décide de gouverner seul. Il concentre entre ses mains tous les pouvoirs.

Le roi mène une politique économique ambitieuse à laquelle travaille activement le ministre Colbert, qui encourage le commerce et l'agriculture. La puissance politique et militaire de la France s'accroît en Europe.

En 1682, après vingt ans de travaux, Louis XIV et sa cour s'installent au château de Versailles. Des fêtes somptueuses y sont données par le roi.

À la fin de ce long règne, le pays est ruiné, engagé par le souverain dans des guerres coûteuses (la guerre de Hollande, 1672-1679 ou la guerre de la ligue d'Augsbourg, 1688-1697).

Le développement des arts et de la culture

Soucieux de glorifier la puissance du pays et le prestige de son propre règne, Louis XIV favorise le développement des arts. Il s'entoure de grands artistes et devient le mécène du dramaturge Molière, du compositeur Jean-Baptiste Lully, du peintre Charles Le Brun ou du jardinier André Le Nôtre (qui a dessiné les jardins du château de Versailles).

En littérature, le XVIIe siècle est une période d'effervescence. Des auteurs, comme René Descartes, Nicolas Boileau, François de La Rochefoucauld, Molière, Racine ou encore Mme de Sévigné, définissent des règles précises pour écrire leurs textes. Tous ces auteurs se nourrissent des œuvres des écrivains antiques, car ils considèrent que ces derniers ont atteint une certaine perfection : ainsi Jean de La Fontaine s'inspire d'Ésope et de Phèdre pour composer ses fables.

Grâce à leurs textes, ces auteurs cherchent à faire réfléchir leurs lecteurs sur la nature humaine tout en veillant à ne pas les ennuyer. « Instruire » et « plaire » deviennent les deux mots d'ordre de la création littéraire.

Être écrivain au XVIIe siècle

Pour voir leurs ouvrages publiés, les écrivains n'ont d'autre choix que de chanter les louanges du monarque. Celui-ci accorde des pensions aux artistes, décide de la valeur de leur travail et contrôle l'impression des œuvres qui sont soumises à une sévère censure.

Jean La Fontaine n'a jamais été dans les bonnes grâces de Louis XIV. Le fabuliste a émis de nombreuses critiques à l'égard du pouvoir royal qu'il trouvait autoritaire et démesuré. C'est notamment en mettant en scène des animaux dans ses fables qu'il a pu déguiser ses reproches et contourner la censure : « Le Corbeau et le Renard » dénonce ainsi les flatteries des courtisans, « Le Loup et l'Agneau » la justice arbitraire exercée par les puissants sur les faibles, « Conseil tenu par les Rats » l'incapacité du pouvoir politique à prendre des décisions dans l'intérêt du peuple.

La fable, un genre en évolution

Le genre de la fable trouve ses origines dans l'Antiquité : l'auteur grec Ésope d'abord, puis le poète latin Phèdre, écrivent de courts récits, accompagnés de morales. Au Moyen Âge, les fables connaissent un certain succès et servent à l'instruction des élèves. S'inspirant des textes d'Ésope, Marie de France compose au XIIe siècle des fables qui deviennent accessibles à un large public.

Mais c'est au XVIIe siècle, que les fables obtiennent leurs lettres de noblesse grâce aux différents recueils de Jean de La Fontaine. Il puise son inspiration dans les textes d'Ésope et de Phèdre, et renouvelle profondément le genre.

Repères chronologiques

1635	**Création de l'Académie française par Richelieu.**
1637	René Descartes, *Discours de la méthode*.
1643	**Mort de Louis XIII.**
1643-1661	**Régence d'Anne d'Autriche.**
1661	**Louis XIV accède au pouvoir.**
1662	Jean de La Fontaine, *Élégie aux nymphes de Vaux*.
1664	François de La Rochefoucauld, *Maximes*.
1665	Jean de La Fontaine, *Contes et Nouvelles en vers*.
1666	Molière, *Le Médecin malgré lui*.
1668	Jean de La Fontaine, *Fables* (livres I à VI).
1670	Molière, *Le Bourgeois gentilhomme*.
1672-1679	**Guerre de Hollande.**
1674	Nicolas Boileau, *Art poétique*.
1678-1679	Jean de La Fontaine, *Fables* (livres VII à XI).
1684	Élection de Jean de La Fontaine à l'Académie française.
1688-1697	**Guerre de la ligue d'Augsbourg.**
1693	Jean de La Fontaine, *Fables* (livre XII).
1697	Charles Perrault, *Histoires ou Contes du temps passé*.
1715	**Mort de Louis XIV.**

Les grands thèmes de l'œuvre

Des animaux et des hommes

Mettre en scène les animaux

Dans la plupart des fables, La Fontaine met en scène des animaux. Ainsi au fil des poèmes, le lecteur rencontre toutes sortes d'espèces : des insectes (cigale, fourmi), des oiseaux (colombe, geai, paon, cigogne), des mammifères (loup, lion, renard). Les animaux peuvent être très petits (moucheron) ou très gros (lion), doux (agneau) ou féroces (loup). Ceux-ci parlent et agissent comme des êtres humains, ils sont personnifiés.

Si certains personnages ne sont pas des animaux (chêne, roseau, montagne, laboureur, villageois, mère et enfant), il n'en demeure pas moins que le règne animal est largement mis à l'honneur, établi dans son décor naturel et déterminé par les caractéristiques propres à chaque espèce.

Représenter les défauts des hommes

Les animaux représentent des types humains : derrière le comportement de chacun d'eux se cache celui des hommes. Aucun défaut humain n'échappe à l'œil affûté du fabuliste : l'avarice (« La Cigale et la Fourmi »), la ruse et la duperie (« Le Corbeau et le Renard »), la prétention (« La Grenouille qui veut se faire aussi grosse que le Bœuf »).

La Fontaine pose un regard critique non seulement sur la condition humaine mais aussi sur ses contemporains : le roi Louis XIV, généralement représenté sous les traits du lion, est bien souvent l'objet de critiques (pour sa toute-puissance, son injustice ou sa lâcheté), de même que ses courtisans (souvent peints sous les traits du renard). Ces derniers sont présentés comme d'invétérés flatteurs soucieux de plaire au roi pour accéder aux plus grands privilèges.

L'enseignement des fables

L'apprentissage des personnages

Les différentes aventures que vivent les personnages leur permettent de tirer des enseignements. En effet, qu'il soit victime de ruses ou de pièges, d'injustices ou d'abus de pouvoir, chacun d'eux suit au fil des fables une sorte de parcours initiatique et ressort grandi de cette expérience. Ainsi le corbeau du « Corbeau et le Renard » se méfiera-t-il davantage des flatteurs. Mais les animaux des fables ne sont pas les seuls à tirer profit des leçons des fables.

L'éducation du lecteur

Dans sa dédicace au Dauphin, qui est placée à l'entrée du premier livre des *Fables*, La Fontaine présente ainsi sa démarche : « Je me sers d'animaux pour instruire les hommes. » C'est la raison pour laquelle les fables sont constituées de deux parties : un récit et une morale. Le récit sert à illustrer une leçon que le lecteur doit comprendre (lorsqu'elle est clairement exprimée) ou déduire (lorsqu'elle est sous-entendue) de l'histoire dans laquelle il s'est laissé entraîner.

Les fables ont donc une véritable dimension pédagogique dans la mesure où elles engagent le lecteur à réfléchir activement à son comportement, à ses habitudes et au monde qui l'entoure. À travers les morales, le fabuliste transmet ainsi des conseils et exhorte ses contemporains à avoir plus de raison, de sagesse et de mesure dans leur vie quotidienne. De nombreuses morales de fables sont devenues de véritables préceptes, et ont souvent pris la forme de proverbes : « La raison du plus fort est toujours la meilleure » (« Le Loup et l'Agneau »), « Rien ne sert de courir il faut partir à point » (« Le Lièvre et la Tortue »), « Patience et longueur de temps font plus que force ni que rage » (« Le Lion et le Rat »).

Fenêtres sur...

Des ouvrages à lire

• **Jean-Pierre Claris de Florian, *Fables* [1792], L'École des loisirs, 2009.**
Ce successeur de La Fontaine a écrit à la fin du XVIII*e siècle cinq recueils de fables. Chacune de ces pièces est conçue comme un petit tableau et est ponctuée d'une morale malicieuse.*

• **Benjamin Rabier, *Fables de La Fontaine* [1906], Tallandier, 1995.**
Voici deux cent quarante fables de La Fontaine illustrées par Benjamin Rabier et présentées sous la forme d'une bande dessinée. Cet ouvrage invite à une relecture fine et humoristique de l'œuvre du fabuliste.

• **Gudule, *Après vous, M. de La Fontaine, Contrefables*, LGF, « Le livre de poche jeunesse », 1995.**
Dans ce livre, l'auteur rend hommage à Jean de La Fontaine en imaginant la suite d'une vingtaine de fables. Ces textes parodiques et ludiques offrent aux animaux les plus faibles l'occasion de prendre leur revanche sur les plus puissants.

• **Collectif, *La Fontaine aux fables*, Delcourt, 2006.**
Trente-six fables ont été adaptées en bande dessinée en respectant parfaitement le texte original.

• **Dominique Moncond'huy, *Fabuleux Fabulistes*, Seghers jeunesse, 2006.**
Voici une anthologie de cinquante fables écrites par vingt-deux auteurs différents, d'Ésope à Anouilh, de Florian à Roubaud.

• **Michel Piquemal, *Les Philo-fables*, Albin Michel, 2007.**
Découvrez ces textes courts et amusants qui invitent à réfléchir sur l'homme et sur le monde qui nous entoure.

Des films à voir

(Toutes les œuvres citées ci-dessous sont disponibles en DVD.)

• ***Les Fables de La Fontaine*, mise en scène, lumières et décors de Robert Wilson, Comédie-Française, 2007.**
Robert Wilson met en scène dix-neuf fables de La Fontaine. Vous serez enchantés par la beauté des décors et des costumes. Les comédiens portent à merveille les textes du fabuliste.

• ***Fables d'été, fables d'hiver*, Les Films du Préau, dessin animé, 2006.**
Découvrez quatre courts métrages d'animation dont les héros sont les animaux des fables de La Fontaine et d'autres personnages inédits.

Des CD à écouter

• **Jean de La Fontaine, *Fables*, textes lus par Fabrice Luchini, Tôt ou tard, 2006.**

• **Jean de La Fontaine, *Fables choisies*, textes lus par Laurent Stocker, Gallimard, « Écoutez lire », 2010.**

@ Des sites Internet à consulter

Sur les illustrations des fables

Histoire des arts

- http://expositions.bnf.fr/bestiaire

Une exposition virtuelle de la Bibliothèque nationale de France sur le bestiaire dans la littérature du Moyen Âge.

- http://gallica.bnf.fr

Entrez dans le moteur de recherche l'expression « illustrations des fables » et découvrez les fables en images (Doré, Rigaud, Fellman notamment).

Sur Jean de La Fontaine

- http://www.jdlf.com

Un site qui présente toutes les fables de La Fontaine en ligne.

Table des illustrations

Notes

Dans la même collection

CLASSICOCOLLÈGE

14-18 Lettres d'écrivains (anthologie) (1)
Contes (Andersen, Aulnoy, Grimm, Perrault) (93)
Douze nouvelles contemporaines (anthologie) (119)
Fabliaux (94)
La Farce de maître Pathelin (75)
Gilgamesh (17)
Histoires de vampires (33)
La Poésie engagée (anthologie) (31)
La Poésie lyrique (anthologie) (49)
Le Roman de Renart (50)
Les textes fondateurs (anthologie) (123)
Neuf nouvelles réalistes (anthologie) (125)
Jean Anouilh – *Le Bal des voleurs* (78)
Guillaume Apollinaire – *Calligrammes* (2)
Honoré de Balzac – *Le Colonel Chabert* (57)
Béroul – *Tristan et Iseut* (61)
Albert Camus – *Le Malentendu* (114)
Lewis Carroll – *Alice au pays des merveilles* (53)
Driss Chraïbi – *La Civilisation, ma Mère!...* (79)
Chrétien de Troyes – *Lancelot ou le Chevalier de la charrette* (109)
Chrétien de Troyes – *Yvain ou le Chevalier au lion* (3)
Jean Cocteau – *Antigone* (96)
Albert Cohen – *Le Livre de ma mère* (59)
Corneille – *Le Cid* (41)
Didier Daeninckx – *Meurtres pour mémoire* (4)
Dai Sijie – *Balzac et la Petite Tailleuse chinoise* (116)
Annie Ernaux – *La Place* (82)
Georges Feydeau – *Dormez, je le veux!* (76)
Gustave Flaubert – *Un cœur simple* (77)
Romain Gary – *La Vie devant soi* (113)
Jean Giraudoux – *La guerre de Troie n'aura pas lieu* (127)
William Golding – *Sa Majesté des Mouches* (5)

Jacob et Wilhelm Grimm – *Contes* (73)
Homère – *L'Odyssée* (14)
Victor Hugo – *Claude Gueux* (6)
Victor Hugo – *Les Misérables* (110)
Joseph Kessel – *Le Lion* (38)
Jean de La Fontaine – *Fables* (74)
J.M.G. Le Clézio – *Mondo et trois autres histoires* (34)
Jack London – *L'Appel de la forêt* (30)
Guy de Maupassant – *Histoire vraie et autres nouvelles* (7)
Guy de Maupassant – *Le Horla* (54)
Guy de Maupassant – *Nouvelles réalistes* (97)
Prosper Mérimée – *Mateo Falcone* et *La Vénus d'Ille* (8)
Molière – *L'Avare* (51)
Molière – *Le Bourgeois gentilhomme* (62)
Molière – *Les Fourberies de Scapin* (9)
Molière – *George Dandin* (115)
Molière – *Le Malade imaginaire* (42)
Molière – *Le Médecin malgré lui* (13)
Molière – *Le Médecin volant* et *L'Amour médecin* (52)
Jean Molla – *Sobibor* (32)
George Orwell – *La Ferme des animaux* (130)
Ovide – *Les Métamorphoses* (37)
Charles Perrault – *Contes* (15)
Edgar Allan Poe – *Trois nouvelles extraordinaires* (16)
Jules Romains – *Knock ou le Triomphe de la médecine* (10)
Edmond Rostand – *Cyrano de Bergerac* (58)
Antoine de Saint-Exupéry – *Lettre à un otage* (11)
William Shakespeare – *Roméo et Juliette* (70)
Sophocle – *Antigone* (81)
John Steinbeck – *Des souris et des hommes* (100)
Robert Louis Stevenson – *L'Île au Trésor* (95)
Jean Tardieu – *Quatre courtes pièces* (63)
Michel Tournier – *Vendredi ou la Vie sauvage* (69)
Fred Uhlman – *L'Ami retrouvé* (80)
Paul Verlaine – *Romances sans paroles* (12)
Anne Wiazemsky – *Mon enfant de Berlin* (98)
Émile Zola – *Au Bonheur des Dames* (128)

CLASSICOLYCÉE

Des poèmes et des rêves (anthologie) (105)
Guillaume Apollinaire – *Alcools* (25)
Honoré de Balzac – *La Fille aux yeux d'or* (120)
Honoré de Balzac – *Le Colonel Chabert* (131)
Honoré de Balzac – *Le Père Goriot* (99)
Charles Baudelaire – *Les Fleurs du mal* (21)
Charles Baudelaire – *Le Spleen de Paris* (87)
Beaumarchais – *Le Mariage de Figaro* (65)
Ray Bradbury – *Fahrenheit 451* (66)
Albert Camus – *La Peste* (90)
Emmanuel Carrère – *L'Adversaire* (40)
Corneille – *Le Cid* (129)
Corneille – *Médée* (84)
Dai Sijie – *Balzac et la Petite Tailleuse chinoise* (28)
Robert Desnos – *Corps et Biens* (132)
Denis Diderot – *Supplément au Voyage de Bougainville* (56)
Alexandre Dumas – *Pauline* (121)
Marguerite Duras – *Un barrage contre le Pacifique* (67)
Paul Éluard – *Capitale de la douleur* (91)
Annie Ernaux – *La Place* (35)
Élisabeth Filhol – *La Centrale* (112)
Francis Scott Fitzgerald – *Gatsby le magnifique* (104)
Gustave Flaubert – *Madame Bovary* (89)
Romain Gary – *La Vie devant soi* (29)
Jean Genet – *Les Bonnes* (45)
Jean Giono – *Un roi sans divertissement* (118)
J.-Cl. Grumberg, Ph. Minyana, N. Renaude – *Trois pièces contemporaines* (24)
Victor Hugo – *Le Dernier Jour d'un condamné* (44)
Victor Hugo – *Anthologie poétique* (124)
Victor Hugo – *Ruy Blas* (19)
Eugène Ionesco – *La Cantatrice chauve* (20)
Eugène Ionesco – *Le roi se meurt* (43)
Laclos – *Les Liaisons dangereuses* (88)
Mme de Lafayette – *La Princesse de Clèves* (71)
Jean de La Fontaine – *Fables* (126)

Cet ouvrage a été composé par Palimpseste à Paris.

Imprimé en Espagne par Novoprint (Barcelone)
Dépôt légal : juin 2012 – N° d'édition : 70116162-06/août2016